NYSTCE®

Bilingual Education Assessment - Spanish Practice Questions

Mometrix
TEST PREPARATION

DEAR FUTURE EXAM SUCCESS STORY

First of all, **THANK YOU** for purchasing Mometrix study materials!

Second, congratulations! You are one of the few determined test-takers who are committed to doing whatever it takes to excel on your exam. **You have come to the right place.** We developed these practice tests with one goal in mind: to deliver you the best possible approximation of the questions you will see on test day.

Standardized testing is one of the biggest obstacles on your road to success, which only increases the importance of doing well in the high-pressure, high-stakes environment of test day. Your results on this test could have a significant impact on your future, and these practice tests will give you the repetitions you need to build your familiarity and confidence with the test content and format to help you achieve your full potential on test day.

Your success is our success

We would love to hear from you! If you would like to share the story of your exam success or if you have any questions or comments in regard to our products, please contact us at **800-673-8175** or **support@mometrix.com**.

Thanks again for your business and we wish you continued success!

Sincerely,
The Mometrix Test Preparation Team

Printed in the United States of America

TABLE OF CONTENTS

Practice Test #1

Interpretive Listening

Refer to the following for questions 1–6:

Bienvenidos, Antonia. Soy Claudia Jiménez, la directora de West High School, y estamos muy agradecidos que vas a empezar clases aquí en West High School.

Mucho gusto, Sra. Jiménez

Siéntate, por favor. ¿Cuánto tiempo hace que estás aquí en Tejas?

Un mes – me mudé aquí de México durante las vacaciones de Navidad.

Bueno, háblame de la escuela donde estudiabas antes, Antonia, las clases, y todo.

*Estudiaba en **Colegio José de Escandón. Iba a empezar la preparatoria en septiembre.***

¿Sí? ¿Y cuáles clases tomabas en el otoño?

De literatura, matemáticas, biología, historia de México, educación de la fe, educación física, inglés, y la computación.

Wow! Antonia, estabas muy ocupada entonces. ¿Cuál nivel de matemáticas estudiabas?

De algebra – los estudiantes que querían matricularse a prepa tenían que tomarlo.

Excelente – te podemos poner en una clase de algebra aquí también. Similarmente, la biología tenemos. Tal vez será un poco difícil aprender el vocabulario científico en otro idioma, pero tendrás el conocimiento que ya ganaste para ayudarte. Para literatura y los estudios sociales, aquí en Tejas organizamos las clases por nivel de grado y tu estarás en el grado 9. Para estudios sociales tomarás geografía y en Ingles I, se enfoca en la comprensión de cuentos y en escribir claramente.

Tengo una pregunta – ¿a qué hora empiezan y terminan las clases?

Desde las 8 a las 3

Oh, es bastante diferente. En México empecé a las 7 y salí a la una para el almuerzo.

Si, aquí almorzamos durante el día escolar. Lo siento.

¿Y los cursos opcionales?

Bueno, aquí tenemos muchas opciones. Creo que sería buena idea seguir con la educación física para este año – en Tejas tienes que completar un año antes de graduarse. Si quieres seguir con la computación, también puedes hacerlo. No sé si quieres tomar el español – será tan fácil para ti. Ofrecemos el francés y el mandarín también. Pero me parece que sería mejor empezar estos cursos en agosto. Si quieres tomar la música o un arte, tenemos programas excelentes de arte visual, el coro, la banda, el teatro, y el baile.

Oh, me encantaría tomar el baile.

¡Excelente! Qué tal si andamos por el edificio y te puedo introducir a la profesora de baile. Luego podemos llenar todas las formas.

Practice Audio: Listening Sample
Visit mometrix.com/academy and enter Code: 100328

1. Esta conversación tuvo lugar entre:
- a. Una gerente y un empleo
- b. Dos amigos
- c. Dos vecinos
- d. Un adulto y una joven

2. ¿Cuál clase NO tomaba Antonia?
- a. Las matemáticas
- b. Las ciencias
- c. El arte
- d. El inglés

3. ¿Qué es una diferencia entre la escuela en México y la escuela en Tejas?
- a. La escuela en México no ofrece las artes.
- b. Cada día, la escuela en México empieza y termina antes de la escuela en Tejas.
- c. En la escuela en Tejas no se ofrecen cursos de idiomas.
- d. El director de la escuela en México no es una mujer.

4. ¿Cuál de las siguientes frases resume mejor la conversación?
- a. Una estudiante mal comportada tiene que hablar con la directora
- b. Una estudiante nueva necesita escoger cursos apropiados
- c. Una directora aprende del sistema escolar en otro país
- d. Una directora tiene dificultad entender a una estudiante extranjera

5. En el contexto, ¿cuál de las siguientes es un sinónimo para la palabra *computación*?
- a. las matemáticas
- b. una calculadora
- c. requerido
- d. la informática

6. ¿Qué propósito tiene la habladora en usar frases como *tal vez..., no sé si quieres..., me parece que...,* y *que tal si...*?
- a. No parecer mandona
- b. Expresar sus dudas
- c. Tomar control de la conversación
- d. Tratar de entender la otra habladora mejor

Refer to the following for questions 7–12:

Cuando los niños no desayunan, el organismo no obtiene lo que necesita para estar en óptimo estado. Los cuerpos en crecimiento y cerebros en desarrollo necesitan comidas regulares y saludables. Quiero ofrecerles estos consejos prácticos para garantizar que sus niños comiencen bien el día.

El desayuno no tiene que ser comidas de desayuno tradicional.

Se puede preparar cualquier alimento mientras se mantenga un balance saludable. Por eso, si sus niños quieren comer algo diferente que cereal y huevos, piense en servir las sobras de la comida del día anterior. No hay nada malo en servir atún con apio sobre un panecillo inglés o un emparedado de pavo para comenzar el día.

No acepte la excusa de "Mamá, no tengo tiempo para desayunar".

Recuerde que andar con las prisas de la mañana, no significa no debe dejar de desayunar. Asegúrese que sus niños consuman una porción de fruta antes de salir o prepáreles una bolsa de nueces y frutas secas o una rebanada de pan integral con mantequilla de cacahuate (maní) o almendras y una cajita de leche. Un licuado, malteada, o yogur con frutas solo toma un par de minutos para preparase y consumirse.

Prepárese desde la noche anterior.

La mañana es ajetreada para todo el mundo y también para usted. Tómese diez minutos para pensar y prepárese para el desayuno desde la noche anterior. Corte fruta en tajadas para colocarlas en un yogur o para agregarlas al cereal. Corte algunas verduras para preparar un omelet. Mezcle masa de grano integral para hacer wafles o panecillos, cúbrala y guárdela en la nevera. Saque una sartén para panqueques o una licuadora para hacer un batido de frutas. Coloque un tazón lleno de nueces y frutas secas para que los niños tomen un puñado antes de salir.

https://www.fda.gov/media/120101/download

Practice Audio: Listening Sample
Visit mometrix.com/academy and enter Code: 100329

7. ¿Qué es el propósito de este pasaje?

a. Ayudar
b. Debatir
c. Entretener
d. Corregir

8. Según el pasaje, ¿por qué es importante comer desayuno?

a. Porque el desayuno es muy delicioso
b. Porque no es bueno si los niños pasen mucho tiempo sin comer
c. Porque las comidas de desayuno son muy saludables y balanceadas
d. Porque los niños están muy ocupados por la mañana

9. Según el pasaje, ¿cuál de las siguientes NO es una manera de asegurar que los niños reciban buena nutrición?

a. Servir comidas que no normalmente se comen por la mañana
b. Servir comidas que se puede preparar rápidamente
c. Servir comidas que se preparó la noche anterior
d. Servir comidas que se puede comprar en un restaurante

10. Según el pasaje, ¿cuál de las siguientes es un ejemplo de un desayuno que se puede preparar rápidamente?

a. Un omelet
b. Un yogur con frutas
c. Un sándwich de pollo
d. Los panecillos

11. ¿Por qué se usan las palabras *cacahuate* y *maní* en la misma frase?

a. Porque son dos tipos de nueces que se puede usar para añadir proteína al desayuno
b. Porque son fáciles comprar y preparar
c. Porque son dos palabras para la misma nuez que se emplea en diferentes regiones hispanohablantes
d. Porque muchos niños tienen alergias serias a esta nuez

12. ¿Cuál par de frases se usa como sinónimos?

a. *con las prisas...ajetreada*
b. *las sobras...una porción*
c. *tajadas...batido*
d. *sarten...licuadora*

Refer to the following for questions 13–18:

¿Mamá, puedo ir a la fiesta en la casa de Arturo el viernes?

¿Sus padres van a estar?

Si, claro.

¿Y a qué hora empieza y termina?

Bueno, me dijo que puedo llegar a las 6, pero nadie viene al principio. Entonces, ¿como a las siete?

MmmHmm, pero tienes que regresar a casa antes de medianoche.

¡¿Antes de medianoche?! ¿Parezco Cenicienta?

Claro, que nada bueno ocurre después de las 12.

Ay, mami...

Y tú sabes las reglas...si hay alcohol o si te pones incomoda, hay que salir. Y si tus amigos quieren venir contigo, nuestra casa será abierto para ellos también.

¿Entonces puedo tomar el carro?

Si.

Gracias mami. Te quiero.

Te quiero también.

¿Puedo comprar un vestido nuevo?

Mija, me está acabando la paciencia...

Practice Audio: Listening Sample
Visit mometrix.com/academy and enter Code: 100330

13. ¿Cuál adjetivo describe mejor la conversación?

a. Aguda
b. Graciosa
c. Tensa
d. Defensiva

14. ¿A qué hora quiere llegar a la fiesta la hija?

a. A las seis de la noche
b. A las siete de la noche
c. A las once de la noche
d. Después de la medianoche

15. ¿Cuál de las siguientes es una condición que la mama aclara para su hija?

a. Su hija no puede beber alcohol
b. Su hija tiene que regresar a casa antes de la una
c. Su hija no puede conducir con amigos en el carro
d. Su hija no puede asistir a una fiesta sin la presencia de unos adultos

16. ¿Cuál de las siguientes carece de apoyo en el pasaje?

a. Esta madre e hija se pelean mucho
b. Esta madre no es muy permisiva
c. Esta hija confía en su madre y sus reglas
d. Esta hija tiene su licencia de conducir

17. ¿Por qué menciona Cenicienta?

a. Como ejemplo de una hija que se divirtió en una fiesta
b. Para desaconsejar enamorarse en una fiesta
c. Para chistear acerca de los requisitos para asistir a una fiesta
d. Como modelo de una joven que recibe un nuevo vestido para una fiesta

18. En el contexto, ¿cuál de las siguientes palabras es un sinónimo para la frase *te quiero*?

a. Te amo
b. Tengo ganas
c. Te espero
d. Te deseo

Refer to the following for questions 19–24:

El Parque Nacional Iguazú está ubicado próximo a Puerto Iguazú, Provincia de Misiones. Posee una superficie de 67.620 hectáreas pertenecientes a la ecorregión Selva Paranaense.

El Parque Nacional Iguazú fue designado Patrimonio Mundial de la Humanidad por la Unesco en 1984. Además, las Cataratas del Iguazú, una de las nuevas Maravillas del Mundo, poseen Valor Universal Excepcional, según la Unesco.

El río Iguazú, que significa en guaraní "agua grande", desemboca en el Paraná y corre con una anchura de 1.500 metros, salpicando islas e islotes para desembocar en un barranco de lava formado hace 120 millones de años.

Gregorio Lezama fue el primer propietario de estas tierras y, por considerarlas de escaso valor, las vendió en un remate público cuyo anuncio rezaba "bloque de selva que linda con varios saltos de agua".

Su siguiente dueño, Domingo Ayarragaray, lo promovió parcialmente, colocando un hotel y caminos para que los visitantes pudieran ver los saltos y explotó el tesoro maderero del lugar hasta que fue adquirido por el gobierno del Presidente Hipólito Yrigoyen.

Luego de esta incorporación al patrimonio nacional, el 9 de octubre de 1934 fue declarado Parque Nacional a través de la Ley 12.103.

https://www.argentina.gob.ar/parquesnacionales/iguazu

Practice Audio: Listening Sample
Visit mometrix.com/academy and enter Code: 100331

19. ¿En cuál de las siguientes se hallaría este pasaje?

a. Un libro de texto universitario
b. Un mapa que reciben los visitantes al parque
c. Un sitio web gubernamental
d. Un anuncio turístico

20. ¿Cuál de las siguientes tiene apoyo en el pasaje?

a. El Parque Nacional Iguazú ha sido parte del patrimonio nacional para 30 años
b. El Parque Nacional Iguazú se localiza en un desierto
c. El Parque Nacional Iguazú está en peligro por causa de la deforestación
d. El Parque Nacional Iguazú es reconocido mundialmente

21. ¿Quiénes son Gregorio Lezama y Domingo Ayarragaray?

a. Hombres que poseyeron el terreno que ahora es el parque nacional
b. Oficiales del gobierno que trabajaron para ganar reconocimiento para el parque nacional
c. Los guardaparques que tienen carga del parque hoy en día
d. Presidentes de Argentina

22. ¿Qué es *guaraní*?

a. El nombre del río en el parque
b. Una lengua indígena
c. Un tipo de ecosistema
d. Una designación internacional

23. ¿Qué es otra frase para *catarata* que se usa en el pasaje?

a. *Un río grande*
b. *El tesoro maderero*
c. *Un salto de agua*
d. *salpicando*

24. En el contexto, ¿cuál de las siguientes frases defina mejor la palabra *explotó*?

a. utilizar en una manera abusiva
b. detonar
c. estallar enojadamente
d. salpicar

Refer to the following for questions 25–30:

Transcript:

Aniquile el Zika: Proteger a los bebes y niños de las picaduras de mosquitos. Los siguientes son consejos para usar el repelente:

Siempre siga las instrucciones de la etiquita.

No use repelente de insectos en bebes de menos de dos meses

No use productos con aceite de eucaliptus de limón o para-mentano-diol en niños menores de 3 años.

Nunca rocíe repelente de insectos directamente en la cara de un niño. En vez de hacer eso, rocíelo en sus propias manos y luego aplíqueselo al niño con cuidado para no echárselo en los ojos o la boca.

Use un mosquetero para cubrir portabebés, cochecitos, y cunas.

Vea más videos sobre como aniquile el zika en cdc.gov/zika

Practice Audio: Listening Sample
Visit mometrix.com/academy and enter Code: 100344

25. ¿Qué es el tema de este mensaje?

a. Los efectos del Zika
b. Como usar repelente de insectos
c. Como proteger a las mamás del Zika
d. Que es la Zika

26. ¿Qué quiere decir *aniquile*?

a. conserva
b. gasta
c. extermina
d. reduce

27. Según el pasaje, ¿cuáles son dos maneras de proteger a un bebe de Zika?

a. Usar productos de aceite de eucaliptus de limón y aplicar el repelente a los adultos también.
b. Aplicar el repelente según las instrucciones y usar productos de aceite de eucaliptus de limón
c. Aplicar el repelente a los adultos también y emplea un mosquetero
d. Aplicar el repelente según las instrucciones y emplea un mosquetero

28. Según el mensaje, ¿dónde se puede encontrar más información sobre este tema?

a. En la etiquita
b. En un sitio web
c. En YouTube
d. En la comunidad

29. ¿*Portabebés* es un ejemplo de cuál tipo de palabra?

a. Una palabra compuesta
b. Una palabra conjugada
c. Una palabra conectiva
d. Una palabra de conjunción

30. El tono de este mensaje es

a. Amigable
b. Exigente
c. Informativo
d. Preocupado

Interpretive Reading

Refer to the following for questions 1–8:

Excerpt from La tortuga Gigante (Horacio Quiroga, 1918)

Intro: Un hombre de Buenos Aires está enfermo y va a vivir en la selva para mejorar su salud

El hombre tenía otra vez buen color, estaba fuerte y tenía apetito. Precisamente un día en que tenía mucha hambre, porque hacía dos días que no cazaba nada, vio a la orilla de una gran laguna un tigre enorme que quería comer una tortuga, y la ponía parada de canto para meter dentro una pata y sacar la carne con las uñas. Al ver al hombre el tigre lanzó un rugido espantoso y se lanzó de un salto sobre él. Pero el cazador, que tenía una gran puntería, le apuntó entre los dos ojos y le rompió la cabeza. Después le sacó el cuero, tan grande que él solo podría servir de alfombra para un cuarto. -Ahora se dijo el hombre- voy a comer tortuga, que es una carne muy rica. Pero cuando se acercó a la tortuga, vio que estaba ya herida, y tenía la cabeza casi separada del cuello, y la cabeza colgaba casi de dos o tres hilos de carne.

A pesar del hambre que sentía, el hombre tuvo lástima de la pobre tortuga, y la llevó arrastrando con una soga hasta su ramada y le vendó la cabeza con tiras de género que sacó de su camisa, porque no tenía más que una sola camisa y no tenía trapos. La había llevado arrastrando porque la tortuga era inmensa, tan alta como una silla, y pesaba como un hombre. La tortuga quedó arrimada a un rincón, y allí pasó días y días sin moverse. El hombre la curaba, todos los días, y después le daba golpecitos con la mano sobre el lomo. La tortuga sanó por fin.

Pero entonces fue el hombre quien se enfermó. Tuvo fiebre y le dolía todo el cuerpo. Después no pudo levantarse más. La fiebre aumentaba siempre, y la garganta le quemaba de tanta sed. El hombre comprendió que estaba gravemente enfermo, y habló en voz alta, aunque estaba solo, porque tenía mucha fiebre. Voy a morir -dijo el hombre- estoy solo, ya no puedo levantarme más, y no tengo quién me dé agua siquiera. Voy a morir aquí de hambre y de sed. Y al poco rato la fiebre subió más aún, y perdió el conocimiento. Pero la tortuga lo había oído, y entendió lo que el cazador decía. Y ella pensó entonces: -El hombre no me comió la otra vez, aunque tenía mucha hambre, y me curó. Yo lo voy a curar a él ahora.

1. ¿Qué sección en la narración muestra que el hombre está logrando su meta en la selva?

a. *El hombre tenía otra vez buen color, estaba fuerte y tenía apetito*
b. *...hacía dos días que no cazaba nada*
c. *Pero cuando se acercó a la tortuga, vio que estaba ya herida*
d. *...el hombre tuvo lástima de la pobre tortuga*

2. ¿Qué hizo el hombre al ver a un tigre?

a. Se alejó rápidamente
b. Tuvo lastima del tigre
c. Se defendió del tigre
d. Atacó al tigre

3. Infiriendo del texto, ¿qué era el primer pensamiento del hombre acerca de la tortuga?

a. Capturarla
b. Comerla
c. Curarla
d. Comprarla

4. En el contexto, ¿cuál de las siguientes es el mejor sinónimo para la palabra *género*?

a. tipo
b. estilo
c. raíz
d. tejido

5. ¿Cómo sabemos el tamaño de la tortuga?

a. Porque su cuero fue grande
b. Porque el hombre no pudo alzarla
c. Porque su carne sería muy rica
d. Porque tenía la cabeza casi separada del cuello

6. ¿Cuál de las siguientes NO se expresa como un síntoma del hombre cuando se enferma?

a. Heridos en la cara
b. Fiebre
c. Penas
d. Hambre y sed

7. ¿Cómo sabemos que este es un cuento de fantasía?

a. Porque vivir solo en la selva para curarse no es normal.
b. Porque un hombre no ayudaría a una tortuga.
c. Porque una tortuga no puede hablar ni comprender el español.
d. Porque la introducción dice que es.

8. ¿Qué sería buena moraleja para resumir este cuento?

a. Para ganar no siempre tienes que ser el más rápido.
b. Haga a los otros lo que quiere que le hagan a usted.
c. La persuasión es mejor que la violencia
d. Acepte a los que son diferentes a usted.

Refer to the following for questions 9–16:

El Lobo De Rio

Lobo de Río (Pteronura brasiliensis).- Es la nutria más grande del mundo y vive en los bosques tropicales de Sudamérica, principalmente en ríos, lagos, cochas, quebradas y zonas pantanosas, donde encuentra el alimento necesario para su sustento.

Los peces con los que se alimenta el lobo de río son cazados con cierta facilidad gracias a sus bigotes que le sirven para detectar a sus presas, y a las membranas interdactilares del lobo de ríp que le permiten un nado veloz y a la forma aerodinámica de su cuerpo largo y achatado, así como a su cola que le sirve de remo y timón.

Sin bien para muchos, el lobo de río puede ser considerado como un emblema de Madre de Dios, durante varias décadas las poblaciones de lobo de río fueron diezmadas por la comercialización de su fina piel, el turismo agresivo, la sobre explotación de los recursos hidrobiológicos, la minería ilegal y la deforestación.

Fue cazado severamente a partir de los años 1940 a 1970 reduciendo y fragmentando su población, por lo que en una investigación realizada entre 1991 y 1995, en la Reserva de Biósfera del Manu, se comprobó la existencia de tan solo 60 a 65 ejemplares de lobo de río, a pesar de que esa zona era una de las más biodiversas del país.

Felizmente, durante los últimos años se ha llegado a contabilizar un estimado de 5 mil individuos en todo el Perú, pero debemos estar conscientes que aún falta mucho por hacer; es por ello, que esta emblemática especie se encuentra protegida en varias ANP de la selva peruana como los Parques Nacionales del Manu, Bahuaja Sonene y Yanachaga Chemillén y las Reservas Nacionales Pacaya Samiria y Tambopata.

Asimismo, cabe resaltar que en esta última, la jefatura del área en coordinación de la Sociedad Zoológica de Frankfort viene desarrollando con gran énfasis proyectos para la repoblación de esta especie en el departamento de Madre de Dios.

http://old.sernanp.gob.pe/sernanp/contenido.jsp?ID=647

9. ¿Qué es el propósito de este texto?

a. Convencerles a los lectores que necesitan proteger a una especie de animal
b. Informarles a los lectores acerca de una especie de animal
c. Entretener a los lectores con detalles graciosos acerca de una especie de animal.
d. Proveer detalles científicos para las estudiantes universitarias acerca de una especie de animal

10. Según el texto, ¿cuál es la característica más importante del hábitat de los lobos de río?

a. La biodiversidad
b. Las temperaturas templadas
c. La falta de predadores
d. Un cuerpo de agua

11. ¿Cuál de las siguientes NO se expresa como una razón que los lobos de río cazan con facilidad?

a. Las características de los peces que comen
b. El tamaño de su cola
c. La deforestación en su región nativo
d. La anatomía de sus garras

12. En el contexto, ¿a qué refiere la frase *Madre de Dios*?

a. una región geográfica
b. una figura religiosa
c. un festival indígena
d. un nombre común para una especie

13. Según el texto, ¿cuántos lobos de rio viven en el área hoy en día?

a. dieces
b. 60-65
c. 5 mil
d. 1960

14. ¿Cuál frase del texto apoyaría el sentimiento que los seres humanos presentan la amenaza más grande a los lobos de río?

a. *...el lobo de río puede ser considerado como un emblema de Madre de Dios*
b. *...durante varias décadas las poblaciones de lobo de río fueron diezmadas por la comercialización de su fina piel*
c. *...pero debemos estar conscientes que aún falta mucho por hacer*
d. *...a pesar de que esa zona era una de las más biodiversas del país.*

15. ¿Cuál sería la mejor expansión para el acrónimo ANP que se encuentra en el penúltimo párrafo?

a. Áreas Naturales Protegidas
b. Aguas No Potables
c. Animales Naturales Protegidos
d. Amenazas Negligentes y Poderosos

16. ¿Cuál sería el mejor guion para este pasaje?

a. I. Cazador II. Cazado III. Características
b. I. La hábitat del lobo de rio II. Los hombres y los lobos de rio III. La futura de los lobos del rio
c. I. El animal II. Los hombres III. La ciencia
d. I. Las características del lobo de rio II. Los peligros que enfrenten los lobos de rio III. Los esfuerzos para ayudar a los lobos de rio

Refer to the following for questions 17–24:

La Vida y La Obra de Juan Gris

Nacido José Victoriano González-Pérez, el famoso artista Juan Gris desarrolló el estilo del Cubismo al lado de Pablo Picasso y Georges Braque al principio del siglo XX. Muchas veces su papel en el movimiento cubista ha sido eclipsado por estos otros artistas, pero las obras de Gris son unos de los más representantes del cubismo y son excepcionales en su imaginación y uso de color. Gris pasó su niñez en Madrid, pero a la edad de 19, se mudó a Paris, donde conoció a Braque y Picasso. Como había hecho en España, sirvió como ilustrador para revistas satíricas. Se dedicó a pintar unos años después, y empezó a ser conocido por su cubismo analítico.

Al ver a un retrato pintado por Gris, usualmente se puede ver claramente una (¡o más que una!) cuadrícula usada para descomponer los objetos. Primeramente, se compuso las obras cubistas en una paleta monocromática. Pero, Gris empezó a emplear colores en una manera distinta a Braque y Picasso. Sus composiciones, entonces, son caracterizadas por la geometría explicita, la simetría compleja, y los colores brillantes.

Unos años después, Gris reinventó su estilo, usando la técnica de collage y cambiando la cuadrícula para rectángulos verticales. Su paleta de colores en esta época se ve similar a los de Matisse – rica y subida. Favoreció bodegones, y se puede ver los mismos objetos en muchos de sus retratos – ventanas, guitarras, y botellas. Tristemente, Gris murió a la edad de 40, una vida brillante y demasiado corto.

"Gris fue un artista talentoso y prodigioso, logrando completar una cantidad increíble de obras en el período corto que estuvo activo como artista. Apenas dos años después de que empezara a pintar, emergió como miembro por excelencia del grupo cubista con un estilo distinto que es notable por su refinamiento extraordinario y color rico", dice Nicole Myers, curadora del Museo de Arte de Dallas en un comunicado de prensa. "Su gran capacidad para entender, adaptar y transformar repetidas veces la estética cubista hace digna una consideración más profunda no solo de su producción, sino también del papel que desempeñó en la formación del arte moderno en el primer cuarto del siglo XX".

17. ¿Cuándo se puso a pintar más exclusivamente Juan Gris?

a. En Madrid
b. Cuando se mudó a Paris
c. Cuando conoció a Picasso y Braque
d. Unos años después de mudarse a Paris

18. ¿Por qué menciona a Braque y Picasso?

a. Para demonstrar la competencia que existía entre los artistas
b. Para situar Gris en un contexto más reconocido
c. Para señalar su superioridad a Gris en el arte moderna
d. Para explicar la vida personal de Gris

19. En el contexto, ¿cuál de las siguientes podría reemplazar la palabra *bodegones*?

a. pequeños mercados
b. tabernas locales
c. retratos compuestos de objectos inanimados
d. habitaciones donde se cría vino

20. ¿El autor del pasaje escribiría cuál de las siguientes oraciones?

a. No podemos imaginar lo que Gris hubiera podido lograr si no hubiera fallecido a una edad tan joven.
b. Si Gris hubiera tenido una vida más larga, sería más famoso.
c. Es una lástima que Gris nunca llegara a las alturas artísticas de Braque y Picasso.
d. La corta vida de Gris fue llenada de pobreza y una falta de reconocimiento.

21. Si iba a poner la oración de pregunta 4 en el pasaje, ¿dónde sería el mejor lugar?

a. Después de: *Se dedicó a pintar unos años después, y empezó a ser conocido por su cubismo analítico.*
b. Después de: *Sus composiciones, entonces, son caracterizadas por la geometría explicita, la simetría compleja, y los colores brillantes.*
c. Antes de: *Unos años después, Gris reinventó su estilo, usando la técnica de collage y cambiando la cuadricula para rectángulos verticales.*
d. Después de: *Tristemente, Gris murió a la edad de 40, una vida brillante y demasiado corto.*

22. ¿Cuál de las siguientes NO era una característica saliente de las obras de Gris?

a. el uso de matemáticas
b. el uso de colores
c. el tema de los retratos
d. la comentaría social

23. ¿Nicole Myers sería de acuerdo con cuál de las siguientes?

a. Juan Gris es el artista más importante al arte moderno.
b. No prestamos suficiente atención a la vida y obra de Juan Gris.
c. El cubismo de Juan Gris es estático y estable.
d. No hay mucha diferencia entre el cubismo de Gris y el de sus coetáneos.

24. ¿Dónde se hallaría este pasaje?

a. En un folleto de un museo
b. En un libro de texto de historia de arte
c. En un periódico diario
d. En un blog personal

Refer to the following for questions 25–30:

Sus hijos no van a la escuela porque están de vacaciones. ¿Donde pueden ellos continuar recibiendo una buena alimentación mientras usted está trabajando?

Comidas saludables y gratis

El Programa de Servicio de Alimentos de Verano (Summer Food Service Program) de USDA proporciona a sus niños buenos alimentos para comer y en un sitio cercano al lugar donde usted vive.

Los niños necesitan una buena alimentación durante todo el año, aún cuando no estan en la escuela.

El Programa de Servicio de Alimentos de Verano provee comidas saludables y gratuitas a los niños.

Sus niños reciben los alimentos que ellos necesitan para aprender, jugar, y crecer durante las vacaciones escolares cuando no pueden comer en la escuela.

Beneficios para los niños

En el Programa de Servicio de Alimentos de Verano, los niños tienen un lugar donde ir para:

- recibir una alimentación nutritiva,
- participar en actividades planificadas,
- jugar con otros niños.

El Programa de Servicio de Alimentos de Verano es para niños hasta los 18 años de edad.

Usted no tiene que llenar ninguna aplicación.

Desayuno, almuerzo y hasta cena

Las comidas tienen todo lo bueno que necesitan los niños para crecer fuertes y saludables.

Los niños comen en un lugar cercano a su casa.

Los niños pueden comer desayuno, almuerzo, cena o meriendas, dependiendo de lo que provea el lugar donde el niño va a comer.

Sus niños pueden recibir comidas gratis cada día, y de esta manera usted podrá tener dinero adicional para poder comprar alimentos para toda la familia.

https://www.fns.usda.gov/programa-de-servicio-de-alimentos-de-verano-provee-buenas-comidas-para-sus-ni%C3%B1os

25. Según este folleto, ¿por qué existe el programa que promociona?

a. Porque los padres no pueden cuidar a sus niños durante el verano
b. Porque los niños necesitan comida y usualmente la reciben en la escuela
c. Porque los niños de padres trabajando faltan nutrición
d. Porque los padres no tienen suficiente dinero

26. ¿Cuáles niños califican para recibir alimentos?

a. Los que reciben alimentos en la escuela durante el año escolar
b. Los que llenan una aplicación
c. Los que tienen 18 años o menos
d. Los que viven cerca del lugar donde se sirven los alimentos

27. En el contexto, ¿qué es el mejor sinónimo para la palabra *proporciona*?

a. educa
b. provee
c. divida
d. adapta

28. ¿Cuál de las siguientes implica que los niños están en casa sin los padres durante el verano?

a. *Sus hijos no van a la escuela porque están de vacaciones.*
b. *¿Dónde pueden ellos continuar recibiendo una buena alimentación mientras usted está trabajando?*
c. *Los niños comen en un lugar cercano a su casa.*
d. *En el Programa de Servicio de Alimentos de Verano, los niños tienen un lugar donde ir...*

29. Según el folleto, ¿cuál de las siguientes NO es un beneficio que provee el programa

a. comida
b. educación
c. actividades
d. interacción social

30. ¿Cuándo reciben alimentación los niños bajo este programa?

a. Tres veces por día
b. Cinco días por semana
c. Depende en lo que ofrece el sitio cerca de la familia
d. El desayuno, el almuerzo, y posiblemente una merienda o la cena

Cultural Knowledge

1. ¿*El vestido* y *la familia* son ejemplos de cuál de las siguientes?

a. El grado en el que el español es un idioma no fonético
b. La distinción entre el sexo biológico y el género gramático
c. La influencia perdurable del patriarchismo
d. La morfología de la lengua latín con sus abundantes afijos

2. ¿Cuáles de las siguientes describiría mejor el Siglo de Oro?

a. Un movimiento artístico en España, notable por el conflicto entre la nobleza y los artistas
b. Un movimiento artístico en España conocido por su regreso a formas y estilos tradicionales
c. Una época en que los artes visuales y literarios alcanzaron nuevas alturas en España
d. Una época en que los artes visuales y literarios se pusieron a hablar de los problemas sociales en España.

Refer to the following for question 3:

3. ¿Cuál de las siguientes demuestra esta obra artística?

a. Un tipo de retrato demasiado estilizado
b. Un uso virtuoso de la luz y la oscuridad
c. Un momento desconocido en la historia del arte español
d. Una sensibilidad modernista antes de su época

4. ¿Cuál de las siguientes retratos se base en el retrato en pregunta #3?

a.

b.

c.

d.

Refer to the following for questions 5–6:

Yo me he asomado a las profundas simas
de la tierra y del cielo,
y les he visto el fin o con los ojos
o con el pensamiento.
Mas ¡ay! de un corazón llegué al abismo
y me incliné un momento,
y mi alma y mis ojos se turbaron:
¡Tan hondo era y tan negro!

5. Según sus conocimientos culturales, ¿qué estilo de poesía muestra este extracto?

a. Romance, poesía medieval de España
b. Rima, un estilo poético derivado de la poesía italiana
c. Poesía folclórica, que usa estilos de canciones tradicionales como inspiración
d. Verso libre, en el cual no importan las limitaciones de rima y metro

6. ¿En cuál época de poesía español se sitúa este poema?

a. el Siglo de Oro
b. el Neoclasicismo
c. el Romanticismo
d. la Generación de '98

7. ¿Cuál de los siguientes individuos se conecta a los eventos de la Guerra Civil de España?

a. Francisco Franco
b. Juan Carlos I
c. Fernando II de Aragón
d. Francisco Vázquez de Coronado

8. ¿Cuál de las siguientes describe mejor las prácticas religiosas de España hoy en día?

a. Una población diversa y devota que practica frecuentemente una variedad de religiones
b. Una población cada vez más secular que todavía se identifica con religiones tradicionales hasta un punto
c. Cambiando rápidamente de una mayoría católica a una mayoría que practica el islam o el protestantismo
d. Manteniéndose las prácticas y creencias tradicionales

Refer to the following for question 9:

9. Según sus conocimientos culturales, ¿a cuál practica cultural refiere esta imagen?

a. la siesta
b. la corrida
c. el ceceo
d. las tapas

Refer to the following for question 10:

10. Según sus conocimientos culturales, ¿a cuál practica cultural refiere esta imagen?

a. el café con leche
b. un beso en la mejilla
c. la corrida de toros
d. las fallas

11. ¿Cuál de los siguientes individuos NO se conoce como explorador y conquistador de Latinoamérica?

a. Bernardo O'Higgins
b. Cristóbal Colón,
c. Francisco Pizarro
d. Juan Ponce de León

12. Antes de la llegada de los europeos, ¿cuál de las siguientes era verdad en respeto a la civilización Azteca?

a. Coexistía en paz con otros grupos indígenas
b. Adoraban un panteón complejo en una religión bien desarrollado
c. Sobrevivían como cazadores-recolectores
d. Hablaban quechua, un idioma todavía usado hoy en día

Refer to the following for question 13:

13. Según su conocimiento cultural, ¿qué representa esta imagen?

a. El conocimiento matemático de los Maya
b. El complejo sistema religioso de los Azteca
c. La orden social de los Inca
d. El talento artístico de los Taíno

14. Cuando se compare con otras civilizaciones precolombinas, ¿los Maya se conocen mejor para cuál de las siguientes?

a. Sus descubrimientos y productos en literatura y matemáticas
b. Su sistema de sacrificios humanos
c. Sus avanzadas practicas agriculturas
d. Su música folclórica sincretista

15. ¿Cuál de las siguientes describe mejor la relación entre religión en España y en las colonias españoles en el Nuevo Mundo?

a. Los colonos españoles buscaron libertad de la opresión de la iglesia católica en España.
b. Los colonos españoles siguieron formando los entrelazos entre la iglesia y el estado que fueron comunes en España.
c. La iglesia católica no tuvo interés en lo que ocurría en las colonias españolas.
d. La iglesia católica esperó hasta que la regla colonial fue establecida firmemente antes de entrar la región.

Interpersonal and Presentational Writing

1. Instructions: Read the following email and write a fitting response. You will need to budget your time so that you can plan, write, and revise your response in the time allotted. Your response should be at least 60 words in length and must be in Spanish.

Imagine que usted es profesor(a) de español en un colegio. Ha recibido este correo electrónico de la madre de uno de sus estudiantes. Escriba su respuesta, proveyendo la información que pide.

Asunto: Faltando clase mañana
De: Payal Patel
Fecha: 17 de agosto, 2021

Hola, Sr(a),

Yo soy miembro del equipo escolar de futbol, y nosotros tenemos un partido en viernes, el 18 de agosto, en Dallas. Tengo que salir en bus con mi equipo a la 1 de la tarde y entonces voy a faltar la clase de Español III. ¿Me puede decir lo que vamos a hacer en clase? ¿Puedo agarrar la tarea para hacer en el bus, o debo esperar hasta el lunes para recogerla?

Gracias por su ayuda. ¡Me gusta su clase!

Payal Patel

2. Instructions: Read the topic question provided. Choose a point of view and write your response. Make sure that your essay provides supporting details/examples for your position. You will need to budget your time so that you can plan, write, and revise your response in the time allotted. Your response should be at least 120 words in length and must be in Spanish.

En nuestra sociedad, tratamos de disminuir o aún eliminar el riesgo en la vida de los niños. Por ejemplo, no les permitimos andar en el vecindario sin la supervisión de un adulto, ni usar herramientas que podrían ser peligrosas. Unos dicen que es bueno que los niños hoy en día crezcan a la madurez sin tantos riesgos y otros dicen que hemos ido demasiado lejos en protegerlos. ¿Cuál posición tomaría usted?

Defienda su posición con ejemplos específicos.

3. Instructions: Read the article provided. After reading the passage, you will answer a prompt based on the passage. Make sure that your essay provides supporting details/examples for your position found in the article. You will need to budget your time so that you can plan, write, and revise your response in the time allotted. Your response should be at least 120 words in length and must be in Spanish.

Reading selection:
Claro que el internet y las redes sociales han cambiado la manera de vivir de casi todo el mundo. Hay muchos beneficios que nos traen. Pero también hay muchos problemas que han entrado nuestras vidas por causa del internet y los redes. En este punto, no podemos regresar a una vida libre del internet y Instagram. Sin embargo, debemos reflexionarnos en cómo usar estas herramientas en una manera que nos sirve en vez de usarlas sirviéndolas nosotros.

La primera meta por la existencia de las redes sociales es también la razón que las buscamos y usamos: conexionarnos. Gracias a plataformas como Twitter, Facebook, y Instagram, podemos estar a la corriente de lo que pasa en las vidas de amigos y familiares, como los abuelos a lo lejos que inician sesión para ver nuevas fotos de sus nietos. Tenemos la oportunidad para reencontrar viejos amistades y establecer nuevas relaciones cuando desplazamos, todo sin salir del sofá.

En cuento a la vida política, las redes sociales dan voz igual a todos. Cada persona puede compartir su punto de vista sin la censura. ¡Hemos visto revoluciones empoderadas por las redes sociales!

También han proveído una manera hacer responsable a los poderes que no existía antes. En los Estados Unidos, por ejemplo, los videos y las fotos que comparten la gente normal en las redes sociales han cambiado la conversación alrededor de la injusticia de la policía.

Pero, hay que darnos cuenta que en realidad, la primera meta por la existencia de las redes sociales desde su punto de vista no es conexionarnos sino crecer como empresa y ganar dinero. Al fin y al cabo, las redes no son altruistas. Existen para enriquecer a los dueños y los accionistas. Y ellos ganan dinero cuando nosotros pasamos más tiempo en sus redes. Entonces, las plataformas son diseñados precisamente para conseguir nuestra adicción. Si te sientes que no puedes dejar de desplazar, entienda que las redes sociales están funcionando exactamente como los creadores quieren.

Además, nuestra psicóloga nos explique los problemas que han surgido por causa de las redes sociales. Cuando estamos conexionándonos con amigos de la universidad en Twitter y no prestándoles atención a nuestros hijos, estamos aislándonos de las conexiones más importantes. Como dijo un psicólogo, **"Te acerca del que está lejos, y te aleja del que está cerca." También, las plataformas nos engañan y fomentan celos. Vemos las fotos cuidadosamente elegidas y editadas en vez de la realidad y así empezamos a pensar que las vidas de los demás son mas bonitas, calmas, ricas, y contentas que la nuestra. Somos tentados a enfocarnos en una autoestima con base en lo digital en vez de lo real. Y finalmente, es más fácil demonstrar impulsividad y una falta de prudencia en la vida digital, donde siempre será registro de lo que hemos dicho.**

Estas últimos puntos son muy importantes para que entiendan los adolescentes y sus padres. Incluso los adultos tienen problemas con controlar los impulsos y trastornar su autoestima sana cuando usan las redes sociales. Ya sabemos que en el desarrollo humano, cuesta a los adolescentes tener control de los impulsos y que es difícil para ellos crecer y mantener una autoestima sana, sin la "ayuda" de las redes sociales. Entonces, la sociedad tiene que pensar en cómo las redes sociales pueden dañar la psicología de los jóvenes.

Writing task: Basándose en el artículo arriba, escriba un ensayo en que se resuma las razones por y contra las redes sociales. En sus propias palabras, dé por lo menos dos razones para cada punto de vista.

Presentational and Interpersonal Speaking

1. Instructions: You will be asked to complete a speaking task based on the article used in the writing section. Read the speaking task, then take 1 minute to look over the article again. You will then have 2 minutes to prepare your response and 2 minutes to record your response.

Speaking task: Imagina que usted es consejera en una escuela secundaria. Está hablando a un grupo de padres acerca de las redes sociales y los jóvenes. Explique a ellos el peligro que los estudiantes pueden experimentar por causa de los redes sociales basándose en el artículo debajo.

Reading selection:

Claro que el internet y las redes sociales han cambiado la manera de vivir de casi todo el mundo. Hay muchos beneficios que nos traen. Pero también hay muchos problemas que han entrado nuestras vidas por causa del internet y los redes. En este punto, no podemos regresar a una vida libre del internet y Instagram. Sin embargo, debemos reflexionarnos en cómo usar estas herramientas en una manera que nos sirve en vez de usarlas sirviéndolas nosotros.

La primera meta por la existencia de las redes sociales es también la razón que las buscamos y usamos: conexionarnos. Gracias a plataformas como Twitter, Facebook, y Instagram, podemos estar a la corriente de lo que pasa en las vidas de amigos y familiares, como los abuelos a lo lejos que inician sesión para ver nuevas fotos de sus nietos. Tenemos la oportunidad para reencontrar viejos amistades y establecer nuevas relaciones cuando desplazamos, todo sin salir del sofá.

En cuento a la vida política, las redes sociales dan voz igual a todos. Cada persona puede compartir su punto de vista sin la censura. ¡Hemos visto revoluciones empoderadas por las redes sociales! También han proveído una manera hacer responsable a los poderes que no existía antes. En los Estados Unidos, por ejemplo, los videos y las fotos que comparten la gente normal en las redes sociales han cambiado la conversación alrededor de la injusticia de la policía.

Pero, hay que darnos cuenta que en realidad, la primera meta por la existencia de las redes sociales desde <u>su</u> punto de vista no es conexionarnos sino crecer como empresa y ganar dinero. Al fin y al cabo, las redes no son altruistas. Existen para enriquecer a los dueños y los accionistas. Y ellos ganan dinero cuando nosotros pasamos más tiempo en sus redes. Entonces, las plataformas son diseñados precisamente para conseguir nuestra adicción. Si te sientes que no puedes dejar de desplazar, entienda que las redes sociales están funcionando exactamente como los creadores quieren.

Además, nuestra psicóloga nos explique los problemas que han surgido por causa de las redes sociales. Cuando estamos conexionándonos con amigos de la universidad en Twitter y no prestándoles atención a nuestros hijos, estamos aislándonos de las conexiones más importantes. Como dijo un psicólogo, **"Te acerca del que está lejos, y te aleja del que está cerca." También, las plataformas nos engañan y fomentan celos. Vemos las fotos cuidadosamente elegidas y editadas en vez de la realidad y así empezamos a pensar que las vidas de los demás son más bonitas, calmas, ricas, y contentas que la nuestra. Somos tentados a enfocarnos en una autoestima con base en lo digital en vez de lo real. Y finalmente, es más fácil demonstrar impulsividad y una falta de prudencia en la vida digital, donde siempre será registro de lo que hemos dicho.**

Estos últimos puntos son muy importantes para que entiendan los adolescentes y sus padres. Incluso los adultos tienen problemas con controlar los impulsos y trastornar su autoestima sana cuando usan las redes sociales. Ya sabemos que en el desarrollo humano, cuesta a los adolescentes tener control de los impulsos y que es difícil para ellos crecer y mantener una autoestima sana, sin la "ayuda" de las redes sociales. Entonces, la sociedad tiene que pensar en cómo las redes sociales pueden dañar la psicología de los jóvenes.

2. Instructions: You will be asked to give your opinion on a topic. You will be given 15 seconds to review the prompt, then 2 minutes to prepare your response. You will then have 2 minutes to record your response.

Speaking task: La libertad de expresión es un derecho celebrado en los Estados Unidos. Hoy en día, hay algunos que dicen que la libertad de expresión no es absoluta y que necesitamos limitarla para el bienestar de nuestra sociedad. Explique y defienda su opinión acerca de limitar la libertad de expresión.

3. Instructions: You will take part in a conversation using the following template. Once the conversation begins, you will hear the interlocutor speak following the left side of the template. When they finish, you will hear a tone and then you will have 25 seconds to respond appropriately. Use the right side of the template as your guide.

Dependiente: Le saluda y le hace una pregunta.	Usted: Salude y responda a la pregunta.
Dependiente: Responde y hace otra pregunta	Usted: Responda a la pregunta.
Dependiente: Le hace una pregunta.	Usted: Responda a la pregunta.
Dependiente: Responde y hace otra pregunta	Usted: Responda a la pregunta
Dependiente: Continúa la conversación	Usted: Responda

Dependiente: ¡Buenas días, Sr(a). Bienvenidos a la Casa de Zapatos. ¿Qué tipo de zapato busca usted hoy?

(You have 25 seconds to record your response)

Dependiente: Bueno, le puedo mostrar lo que tenemos. Sigame, por favor. ¿Qué talla usa usted?

(You have 25 seconds to record your response)

Dependiente: Gracias. ¿Hay un color o estilo que prefiere? ¿Qué va a llevar con estos zapatos?

(You have 25 seconds to record your response)

Dependiente Ah, sí. Creo que tengo unas opciones para usted. ¿Ve aquí algo que quiere probarse?

(You have 25 seconds to record your response)

Dependiente Yo voy a agarrar otros que tengo en la parte de atrás. Esperese aquí, por favor.

(You have 25 seconds to record your response)

Answer Key and Explanations for Test #1

Interpretive Listening

1. D: One speaker introduces herself as a school administrator and the other as a student. The adult uses the informal register with the student.

2. C: The student lists all the other classes as a part of her previous school schedule

3. B: Antonia remarks that the school hours are quite different. (A) and (D) are not mentioned in the conversation and (C) is incorrect – the principal names three different foreign language courses that are available.

4. B: The purpose of the conversation was to choose the appropriate classes for the student.

5. D: In this context, *computación* describes a class on computer science or information technology.

6. A: While the first speaker was in charge of the conversation, she used these phrases to soften her authority.

7. A: The speaker is seeking to help the listeners be successful in getting their kids to eat a good breakfast.

8. B: The speaker says that growing children need consistent meals.

9. D: The speaker lists three main pieces of advice – think outside the box, it doesn't have to take much time, and prepare the night before.

10. B: This meal is mentioned as only taking a couple of minutes to prepare

11. C: Both these words are translated "peanut" and are used in different regions to refer to the same item, as "elevator" and "lift" are in USA and the UK.

12. A: both these phrases are used by the speaker refer to being in a hurry

13. B: The interlocutors make quips, and any disagreements are resolved quickly and with wit.

14. B: The daughter states that the party begins at six but she is planning to arrive at seven.

15. D: The mother asks if there will be parents present at the party before giving permission for her daughter to go. She is not allowed to stay if there is alcohol present, she must leave before midnight, and the mother does not mention any rules about friends in the car.

16. A: The mother has many standards for her daughter (B), the daughter does not question the standards (C), and the mother gives the daughter permission to drive a car (D).

17. C: The daughter is joking about her mother's rule that she must return by midnight.

18. A: Each speaker uses this phrase to communicate their familial affection for the other.

19. C: A short history of a national park would most likely be found on an informative website. The passage does not use a scholarly tone (A), give many directions (B), or attempt to persuade the reader to visit (D).

20. D: The passage states that the park is a UNESCO World Heritage Site and has been designated as having exceptional universal value.

21. A: The passage refers to them as *propietario* and *dueño.*

22. B: According to the passage, the name of the river means "great water" in Guarani.

23. C: Both *catarata* and *un salto de agua* are terms that refer to a waterfall.

24. A: The word is used to state that a previous owner exploited the natural resources of the land.

25. B: The speaker spends most of his time describing how to repel insects, particularly for babies and children.

26. C: The word *aniquile* is used to mean annihilate or wipe out.

27. D: The passage says to NOT use lemon eucalyptus oil on small children and describes spraying repellent on your own hands in order to cover children's faces.

28. B: The speaker directs listeners to a website for more information.

29. A: This word is made up of two words: *portar* and *bebé.* In English this is called a compound word.

30. C: The message consists of helpful information but is not overly demanding (B) or concerned (D).

Interpretive Reading

1. A: The introduction states that his goal was to improve his health. These descriptions are of someone in good health.

2. C: The text describes the tiger attacking the man first and only then the man fights the tiger.

3. B: The text first says *"-Ahora se dijo el hombre- voy a comer tortuga, que es una carne muy rica..."*

4. D: In this context, *género* refers to the fabric the man's shirt is made of – the text reads "*que sacó de su camisa*". While all these words can be synonyms for *género*, if you place each one in the sentence instead of *género, tejido* (D) is the only word that fits the context.

5. B: The text says, *La había llevado arrastrando porque la tortuga era inmensa*

6. A: This is given a description of the turtle's condition, not the man's.

7. C: The fantastical element in this story is when the turtle understands the man's lament.

8. B: Because the man treated the turtle with kindness and saved his life, the turtle decided to do the same for the man.

9. B: This text provides general information about an animal species.

10. D: The text mentions a variety of bodies of water as vital for their food supply.

11. C: The text lists (A), (B), and (D) in the second paragraph as factors in favor of the otter as a predator.

12. A: Madre de Dios refers to the area where the otters live. The best evidence for this is in the last paragraph, where it describes the leadership of the area working to rebuild the otter population.

13. C: The text says *durante los últimos años se ha llegado a contabilizar un estimado de 5 mil individuos en todo el Perú*

14. B: This phrase states that the selling and buying of otter fur has led to the decimation of the population.

15. A: In the context, ANP must refer to a location in a Peruvian forest.

16. D: The first section describes the otters, the second section their endangered status, and the third, what is being done to ensure the survival and prospering of the species.

17. D: The passage states *"Gris pasó su niñez en Madrid, pero a la edad de 19, se mudó a Paris, donde conoció a Braque y Picasso... Se dedicó a pintar unos años después..."*

18. B: The passage does not mention competition between the artists (A), and hints that in some ways Gris's art can be considered superior (C). It states that he met them in Paris, but the purpose of naming these other artists is related to the passage's description of Gris's art rather than his personal life.

19. C: *bodegones* could be translated "still lifes" in English in this context.

20. A: (C) is not supported by the evidence in the passage; on the contrary, it praises Gris's work. The information in (D) is not provided anywhere in the passage. Of answer choices (A) and (B), (A) fits the style of the writer and is a better conclusion based on the evidence provided by the writer.

21. D: The best place to reflect on what might have been would be after describing the short length of his life.

22. D: This is not mentioned in the passage at all as a feature of Gris's work.

23. B: The quote states *"...hace digna una consideración más profunda..."*, implying that his life and words are not considered deeply enough.

24. A: The nature of the passage as an overview and the quote from the museum curator both make (A) the best choice. A textbook would be more technical, a newspaper would have some information about an exhibit or other reason for the write-up, and a personal blog would not quote a press release.

25. B: The text states *Sus ninos reciben los alimentos...durante las vacaciones escolares cuando no pueden comer en la escuela.*

26. C: The text states *El Programa...es para niños hasta 18 años de edad* and explicitly denies (B). It gives no support for limiting the recipients as (A) and (D) do.

27. B: In this context, *proporciona* could be translated "provide".

28. B: This statement is the one that most explicitly suggests that the parents are not with the children during the summer.

29. B: The text states *...para recibir una alimentación nutritiva, participar en actividades planificadas, jugar con otros niños.*

30. C: The flyer describes a variety of possibilities and states *dependiente en lo que provea el lugar...*

Cultural Knowledge

1. B: Words in Spanish are for the most part assigned a grammatical gender, which may or may not correspond to biological sex. In the example, the word *la familia* is a feminine word grammatically, even though it can be made up of members of both biological sexes.

2. C: The *Siglo de Oro* occured under the reign of the Hapsburgs in the 1500s and 1600s and is used to describe the abundance of visual and literary art that came out of this period.

3. B: This is one of the best-known paintings in Spanish art history (*Las Meninas*, Diego Velazquez), and is celebrated for its use of light and shadows.

4. C: This portrait by Goya employs light and shadow similarly to the original, and also includes the painter in the far left corner.

5. B: This poem is a typical example of a *rima*, with its carefully proscribed number of lines and syllables in each line.

6. C: This poem, written by Gustavo Adolfo Bécquer, would be best classified as Romantic, as evidenced by the complex language and philosophical theme

7. A: Francisco Franco was the general who ultimately won the Spanish Civil War and ruled Spain for the decades that followed.

8. B: Although up to 70% of the population still identifies as Catholic, a much smaller number practice the religion. Like much of Western Europe, secularization is the primary pattern.

9. D: In parts of Spain, tapas, or a variety of bite-sized appetizers, are often served with alcohol.

10. D: The Fallas of Valencia is a traditional festival known for its elaborate satirical monuments (the *fallas*) that are erected throughout the city and then burned at the end of the festival.

11. A: Bernardo O'Higgins was an independence leader in Chile in the 19th century.

12. B: The Aztecs' religion consisted of ritualized worship of a variety of well-described and well-known deities.

13. C: These are typical Incan ruins, demonstrating social organization and communal agriculture.

14. A: We know that the Mayans developed a calendar and an arithmetic system. The most well-known pre-Colombian literature still available is the Mayan *Popol Vuh*

15. B: The relationship between church and state was strong in Spanish colonies.

Interpersonal and Presentational Writing

1. ***Sample response:***

Asunto: Re: Faltando clase mañana
De: Sara Ramos
Fecha: 17 de agosto, 2021

Buenas tardes, Payal,

Gracias por avisarme de su partido. ¡Me alegro que tengas esta oportunidad! En clase mañana vamos a seguir practicando el subjuntivo – voy a explicar los verbos irregulares a la clase y entonces haremos una actividad para emplearlos en conversación. Si puedes venir a mi salón de clase mañana por la mañana antes de que empiece la escuela, te puedo mostrar las formas de los verbos irregulares y te daré la tarea que usaremos en clase para practicar. Pero si no puedes venir por la mañana, dime y yo te mandaré un vínculo que puedes usar para aprender las formas irregulares del subjuntivo este fin de semana. Entonces puedes agarrar la tarea a cualquier punto mañana antes de salir para el partido y completarla después de leer la página vinculada.

¡Que el partido te vaya bien!

Sara Ramos

Criteria:

Criteria
Fully addresses and completes the task – the requested information is provided in the appropriate format
Directly relates to the topic; topic well developed. All or almost all supporting details or examples are appropriate and effective – the letter contains the appropriate level of detail to answer the prompt letter thoroughly.
Response is well organized and generally coherent • Demonstrates a mid-high or high degree of control of a variety of structures; a few grammatical errors occur with no evident patterns • Varied vocabulary appropriate for the content and used with precision • Very few errors in conventions of the written language (orthography: spelling, accent marks, and punctuation; sentence structure) • Register is appropriate (accurate social and/or cultural references included)

2. ***Sample response:***

En mi opinión, es importante que los niños tengan oportunidades tomar riesgos y aprender a navegar estos riesgos en una manera responsable. Sin estas oportunidades, crecerán a madurez sin poder superar una dificultad. En el nombre de seguridad, hemos protegido a niños de las situaciones que necesitan para desarrollarse a adultos confiados.

La primera cosa que hay que dar cuenta es que nuestra estimación del riesgo usualmente es muy equivocada. Por ejemplo, según las estadísticas, la mayoría de los niños de 10 años se pondrán en más riesgo montar en carro con sus padres que si se quedaran en casa solas. Los niños de 5 años experimentan más muertos de ahogarse que del COVID-19, pero no cerramos las piscinas y las playas como las escuelas en 2020-2021. Entonces, cuando decidimos que alguna actividad es peligrosa para los niños, sería buena idea averiguar que nuestra opinión tiene base en la realidad. Muchas de las cosas que no permitimos que hagan los niños llevan consigo riesgos pequeñísimos.

También hay que reconocer que, aunque muchas actividades llevan consigo un riesgo de algún tipo, ¡vivir sin experimentar riesgo es un riesgo en si mismo! Los adultos no pueden proteger a los niños de todo riesgo para siempre. Un día serán adultos también, y necesitarán la fuerza y la sabiduría para confrontar un riesgo con seguridad y confianza. Un niño que nunca ha trabajado con herramientas peligrosas será un adulto cuyas oportunidades son más estrechas. Si queremos crecer jóvenes que serán adultos exitosos, hay que permitir riesgo en sus vidas.

Criteria:

Criteria
Fully addresses and completes the task – the response clearly gives the writer's point of view as well as providing examples that support his/her point of view.
Directly relates to the topic; topic well developed. All or almost all supporting details or examples are appropriate and effective – the response does not stop with general statements but provides examples from personal experience and study.
Response is well organized and generally coherent • Demonstrates a mid-high or high degree of control of a variety of structures; a few grammatical errors occur with no evident patterns • Varied vocabulary appropriate for the content and used with precision • Very few errors in conventions of the written language (orthography: spelling, accent marks, and punctuation; sentence structure) • Register is appropriate (accurate social and/or cultural references included)

3. *Sample response:*

Las redes sociales son ubicuas en nuestras vidas hoy en día. Es fácil pensar en los beneficios que recibimos por nuestras cuentas en estas plataformas. Podemos conexionarnos con la gente que ya sabemos como nunca. Vemos fotos y hechos de las vidas de nuestros seres queridos con un clic. También formamos vínculos más fácilmente con gente que no conocimos antes– ¡sin salir de la casa! Las redes sociales nos han dado una igualdad de expresión que no existía antes también. Quienquiera puede compartir su punto de vista para que todos lo lean.

Pero hay muchos problemas que también han entrado la vida moderna por medio de las redes sociales. Las conexiones digitales pueden venir a cuesta de las conexiones actuales cuando pasamos todo el tiempo desplazando en los teléfonos y no charlando con la gente en la misma cuarta. También nos tientan a pensar que lo que vemos en los perfiles de otros es toda la verdad, a compararnos, y a ponernos celosos de lo que vemos sin dar cuenta de que hay mucho más que ocurre en su vida que lo que comparten en su página.

Criteria:

Fully addresses and completes the task – the response identifies at least two reasons from the article for each point of view.
Directly relates to the topic; topic well developed. All or almost all supporting details or examples are appropriate and effective. Clearly demonstrates a high degree of understanding of the content in the text – the response does not merely identify the necessary content or copy from the source text but fully integrates and reorganizes the ideas from the source text.
Response is well organized and generally coherent • Demonstrates a mid-high or high degree of control of a variety of structures; a few grammatical errors occur with no evident patterns • Varied vocabulary appropriate for the content and used with precision • Very few errors in conventions of the written language (orthography: spelling, accent marks, and punctuation; sentence structure) • Register is appropriate (accurate social and/or cultural references included)

Presentational and Interpersonal Speaking

1. ***Sample response:***

¡Bienvenidos! Me agradece tener esta oportunidad charlar con ustedes acerca de lo que enfrentan sus jóvenes en la vida digital hoy en día. Las redes sociales nos dan muchos beneficios, pero por causa de la etapa de desarrollo de sus estudiantes, son particularmente vulnerables a los problemas que se pueden presentar con el uso de las redes sociales.

Primero, hay que saber que los adolescentes están formándose su autoestima en esta época de su vida. Con las redes sociales, la tentación es formarla en una manera insana, con un enfoque en lo que ven en el internet. Los jóvenes, aun más que nosotros, siempre se comparan, y las redes sociales presentan solo una vista de sus compañeros cuidadosamente seleccionada para compartir. Entonces ellos se comparan, no con la realidad, pero con esta vista.

Segundo, es bien conocido que los adolescentes tienen dificultad con el autocontrol. Como grupo, ellos siguen sus impulsos más que los adultos sin pensar en las consecuencias. En las redes sociales, pueden decir cosas impulsivas y en vez de ser oído por unos amigos, sus palabras van a todo el mundo y serán grabados para siempre. Las consecuencias pueden ser graves, y los adolescentes no están equipados para considerar esto antes de compartir sus pensamientos en Facebook.

No podemos prohibir las redes sociales, pero espero que, con esta información, ustedes estén más equipados para ayudar a sus jóvenes navegar esta época de sus propias vidas y esta época de historia. Si tengan preguntas, me gustaría tratar de contestarlas.

Criteria:

Fully addresses and completes the task – the speaker plays the role requested by the prompt as well as including the requested information

Directly relates to the topic; topic well developed. All or almost all supporting details or examples are appropriate and effective. Clearly demonstrates a high degree of understanding of the content in the text – the speaker supports his/her point of view with relevant details from the text
• Demonstrates a mid-high or high degree of control of a variety of structures; a few grammatical errors occur with no evident patterns • Varied vocabulary appropriate for the content and used with precision • Well-organized, generally coherent response • Register is appropriate (accurate social and/or cultural references included) • Would demonstrate a high level of fluency • Would demonstrate very good pronunciation

2. *Sample answer:*

Aunque la libertad de expresión es tal vez el derecho más importante a una sociedad libre, siempre hemos reconocido que existen algunos límites. Por ejemplo, el libelo es ilegal, y también expresión que directamente causa daño físico. (Los ejemplos clásicos son gritar "¡Fuego!" en un cine lleno de gente cuando no hay fuego o llamar públicamente para el asesinato de alguien.). Estos límites tienen sentido – como nadie tiene el derecho de robarme o herirme físicamente, también no deben poder usar su expresión para hacer las mismas cosas.

Donde hay debate es, ¿en qué consiste "herir" o "dañar"? Claro que muchas palabras tienen la habilidad herirme en una manera metafórica o psicológicamente. Algunos dicen que este tipo de expresión también debe ser ilegal. Pero ¿tenemos obligación silenciar toda expresión que alguien encuentra ofensiva? Con este criterio, no tenemos libertad de expresión. Lo que ofende a alguien es muy subjetivo e individual a cada persona y no es el lugar del gobierno guardarle a cada individuo de todo que se puede ofender. Si decidimos prohibir ciertas expresiones, ¿quién va a decidir cuales son prohibidos y cuales no son? ¿Cuyos sentidos van a regular la expresión de lo demás?

Además, si nunca escuchamos opiniones con que diferimos, nunca podremos cambiarnos de mente. La meta de expresión libre es para que todas puedan oír todo y decidir para su mismo lo que van a creer, lo con que se van a acordar, lo que encuentran más convincente. Si permitimos que unos eviten toda expresión que les hace incómodas, nunca van a poder crecer ni cambiar. Por estas razones no es buena idea limitar la expresión por causa del daño metafórico o psicológico.

Criteria:

Fully addresses and completes the task – the speaker gives his/her opinion and supports it with details
Directly relates to the topic; topic well developed. All or almost all supporting details or examples are appropriate and effective– the speaker supports his/her point of view with multiple details
• Demonstrates a mid-high or high degree of control of a variety of structures; a few grammatical errors occur with no evident patterns • Varied vocabulary appropriate for the content and used with precision • Well-organized, generally coherent response

- Register is appropriate (accurate social and/or cultural references included)
- Would demonstrate a high level of fluency
- Would demonstrate very good pronunciation

3. <u>Sample response:</u>

Dependiente: ¡Buenas días, Sr(a). Bienvenidos a la Casa de Zapatos. ¿Qué tipo de zapato busca usted hoy?

Hola, gracias. Yo busco un par de zapatos formales sin tacón.

Dependiente: Bueno, le puedo mostrar lo que tenemos. Sigame, por favor. ¿Qué talla usa usted?

Yo usualmente uso un 7, pero a veces 6.5 o 7.5. Mi pie derecho es un poco más pequeño que mi pie izquierda.

Dependiente Gracias. ¿Hay un color o estilo que prefiere? ¿Qué va a llevar con estos zapatos?

Bueno, voy a llevarlos con un vestido nuevo a un concierto. El vestido es de negro y blanco. Entonces creo que quiero zapatos negros también, pero mi esposo sugirió probarme unos de colores más brillantes.

Dependiente Ah, sí. Creo que tengo unas opciones para usted. ¿Ve aquí algo que quiere probarse?

Mmmm...me gustan estos que son puntiagudos, y me interesa probarme estos de rojo también.

Dependiente Yo voy a agarrar otras que tengo en la parte de atrás. Esperese aquí, por favor.

Si, muchas gracias.

Criteria:

Responds fully to all or almost all of the parts/prompts of the conversation
Responses relate directly to the topic and include a well-developed treatment of all or almost all the elements in the thread of the conversation – each response clearly answers the question that is asked
• Demonstrates a mid-high or high degree of control of a variety of structures; a few grammatical errors occur with no evident patterns • Varied vocabulary appropriate for the content and used with precision • Well-organized, generally coherent response • Register is appropriate (accurate social and/or cultural references included) • Would demonstrate a high level of fluency • Would demonstrate very good pronunciation

Practice Test #2

Interpretive Listening

Refer to the following for questions 1-6:

-Buenas tardes.

-Hola! ¿En qué le puedo ayudar?

-Bueno, quiero viajar a Córdoba mañana por la mañana y luego desde Córdoba hasta Granada por la tarde.

-Ah, sí. Pues, para ir a Córdoba mañana por la mañana, Ud. tiene dos opciones – hay un tren que sale a las 8 menos 10 y otro que sale a las 9 y 5. El más temprano estará más lleno porque mucha gente lo usa para viajar a su trabajo. Pero, el mas tarde tiene más paradas y toma 20 minutos más para llegar a Córdoba.

-Hmm. Creo que me gustaría el más tarde. Estoy de vacaciones y no quiero levantarme tan temprano.

- Por supuesto. ¿Y quiere comprar el billete para Granada también o esperar hasta que llegue a Córdoba?

-Quiero comprar los dos, por favor. Pero no quiero salir de Córdoba hasta las 6, o aún más tarde será bien.

-Para clarificar: Ud. quiere decir 6 por la mañana en el día siguiente o a las 18 horas?

-Oh, sí. Se me olvidó que así se dice aquí en España. A las 18 o más tarde.

-Claro. Entonces Ud. tiene 3 opciones: 20:15, 21:20, y 22:50.

-Bueno. Creo que el de 21:20 sirve mejor.

-Entonces: un billete para mañana, el 23 de junio, a las 9:05 desde Sevilla hasta Córdoba. Y un billete para el 23 de junio a las 21:20 desde Córdoba hasta Granada.

-Perfecto. ¿Cuánto cuesta?

-Son 52.50 y 43.20 euros cada uno, para un total de 95.70 euros.

-Muchas gracias por la ayuda

-A la orden. Que disfrute.

Practice Audio: Listening Sample
Visit mometrix.com/academy and enter Code: 100335

1. Esta conversación tuvo lugar entre:

a. Un ciudadano de España y un empleo ferroviario
b. Un turista en España y un empleado ferroviario
c. Un empleo ferroviario y su gerente
d. Dos viajeros

2. ¿Por qué prefiere el viajero tomar el tren más tarde a Córdoba?

a. Porque no quiere estar en un tren lleno de trabajadores pendulares.
b. Porque no sabe si puede salir de su hotel con suficiente tiempo.
c. Porque quiere ver más sitios turísticos antes de salir.
d. Porque no tiene ganas de levantarse temprano.

3. ¿Cuántos billetes compra el viajero?

a. Uno
b. Dos
c. Tres
d. Uno que tiene dos paradas

4. ¿Por qué hay confusión entre los dos locutores?

a. Porque uno no sabe cómo designar las horas según la costumbre local.
b. Porque uno no tiene dominio suficiente del español.
c. Porque uno no conoce bien el sistema ferroviario en España.
d. Porque uno no sabe cómo llegar de un destino a otro.

5. En el contexto, ¿cuál de las siguientes es un sinónimo para la palabra *sirve*?

a. ayuda
b. ofrece
c. funciona
d. emplea

6. ¿A cuáles ciudades españoles va a viajar el locutor?

a. Sevilla y Granada
b. Granada y Córdoba
c. Córdoba y Sevilla
d. Granada y Valencia

Refer to the following for questions 7–12:

El primer paso para tratar la depresión es obtener un diagnóstico profesional; la mayoría de los niños que se muestran malhumorados o malgeniosos, o que se sienten incomprendidos, no están deprimidos ni necesitan tomar ningún medicamento.

Sólo alrededor de 11 por ciento de los adolescentes padece algún trastorno depresivo antes de los 18 años de edad, según el Instituto Nacional de la Salud Mental .

Es difícil saber si un menor está deprimido o pasando por un momento difícil, porque los indicios y los síntomas de la depresión cambian a medida que los niños crecen y su cerebro se desarrolla. Además, puede que tome tiempo arribar al diagnóstico correcto porque los médicos podrían no estar obteniendo sino sólo una instantánea de lo que está pasando con el joven paciente.

En psiquiatría, es más fácil atender a los adultos porque uno tiene toda una vida de experiencia con el paciente en qué apoyarse y las pautas son más obvias. Con los menores, uno no tiene esta información. Como no nos gusta etiquetar a los niños con trastornos de por vida, primero buscamos alguna otra razón que explique esos síntomas. Y si diagnosticamos depresión, evaluamos su severidad antes de tratar al paciente con medicamentos.

https://www.fda.gov/consumers/articulos-en-espanol/fda-no-deje-la-depresion-de-la-ninez-desatendida

Practice Audio: Listening Sample
Visit mometrix.com/academy and enter Code: 100334

7. ¿Qué es el propósito de este pasaje?

a. Expresarse
b. Debatir
c. Entretener
d. Educar

8. Según el pasaje, ¿cuáles síntomas nos hace considerar que un niño tenga un trastorno depresivo?

a. mal humor, sentir incomprendido
b. mal humor, una instantánea difícil
c. sentir incomprendido, pautas obvias
d. una instantánea difícil, pautas obvias

9. Según el pasaje, ¿cuántos niños experimentan depresión de la niñez?

a. La mayoría
b. 11%
c. 18%
d. Hay solo una ocurrencia

10. Según el pasaje, ¿cuál de las siguientes NO es un factor que complica la diagnosis de la depresión en los jóvenes?

a. La depresión se presenta con síntomas diferentes en las etapas de desarrollo diferentes.
b. Es más difícil saber que es "normal" para un joven que para un adulto.
c. La depresión es muy rara entre los jóvenes.
d. Los médicos no quieren decir que un episodio difícil es un trastorno.

11. Cuando uno visita a un psiquiatra con un joven, ¿qué hay que anticipar?

a. El médico dirá que los jóvenes no sufren la depresión
b. El médico buscará otras razones para explicar los síntomas del joven
c. El médico recetará medicamentos
d. El medico tendrá pautas claras para usar

12. En el contexto, ¿qué significa la frase *arribar al diagnóstico correcto*?

a. llegar a un entendimiento que conforme a la realidad
b. evitar etiquetar a un trastorno que no existe
c. comparar las pautas y los síntomas
d. venir a saber que el paciente necesita medicamento

Refer to the following for questions 13–18:

¿Conoces a Juan Esteban Aristizábal Vásquez? ¿No? ¿Estás seguro? ¿Puedes cantar A Dios le pido? ¿O Nada valgo sin tu amor? ¿La camisa negra? Entonces sí lo conoces. Su nombre profesional es Juanes, y ha vendido más que 15 millones de álbumes, ha ganado dos Grammy y 20 Latin Grammy, y en 2019 fue nombrado La Persona del Año por la academia latina de la grabación, una honra que le junta con artistas como Emilio Estefan, Julio Iglesias, Juan Luis Guerra, Gloria Estefan, y Shakira.

Nacido en 1972 en Colombia, Juanes se puso a tocar el piano cuando tenía solo 2 años. A los 17 años, lanzó su primer álbum con su banda Ekhymosis. En 2000, lanzó su primer álbum solo – Fijate bien -, y este esfuerzo le ganó 3 Latin Grammy. Desde este momento ha sido uno de las figuras más populares y bien conocidos en la música latina.

Juanes tiene un sonido con muchas influencias, primeramente el rock heavy metal y la música tradicional de Colombia. Sus letras tratan a la vez asuntos muy pesados como la pena y el peligro y el tema más bello del amor romántico.

Después de escuchar a un álbum de Juanes, lo que vas a sentir más es que la vida es un regalo…lo oyes en la música, en las palabras, y en su voz.

Practice Audio: Listening Sample
Visit mometrix.com/academy and enter Code: 100336

13. ¿Por qué empieza el texto con preguntas?

a. Para confundir al oyente
b. Para probar que el oyente sabe algo
c. Para preparar al oyente para la información que sigue
d. Para mostrar un tono formal para la conversación

14. ¿Por qué nombra a Emilio Estefan, Julio Iglesias, Juan Luis Guerra, Gloria Estefan, y Shakira?

a. Para demonstrar que Juanes es parte de un grupo élite
b. Para mostrar quienes son los cantadores más famosos en la historia de la música latina.
c. Para informarle que la música latina tiene lugar en los Estados Unidos.
d. Para celebrar los músicos que han traído el sonido latín al mundo.

15. ¿Cuál de las siguientes NO se lista como un tema común en las canciones de Juanes?

a. La pena
b. El peligro
c. La política de Colombia
d. El amor

16. ¿Cuál de las siguientes tiene apoyo en el pasaje?

a. Juanes mostraba talento inmenso desde una edad muy temprana.
b. Juanes tuvo dificultad en encontrar un sello discográfico para su música.
c. Juanes preferiría tocar y cantar con un grupo otra vez.
d. Juanes no ha recibido el reconocimiento que merece.

17. ¿Qué quiere decir *lanzó* en este contexto?

a. tiró
b. dio la libertad
c. divulgó
d. sacó a la venta

18. ¿Como describiría el tono del pasaje?

a. educativo
b. gracioso
c. nostálgico
d. informal

Refer to the following for questions 19–24:

La Ley Cada Estudiante Triunfa (Every Student Succeeds Act, "ESSA") fue firmada por el presidente Obama el 10 de diciembre de 2015, y es una buena noticia para las escuelas de nuestro país. Esta medida bipartidista reautoriza la Ley de Educación Primaria y Secundaria (ESEA), la legislación de educación nacional que se compromete a la igualdad de oportunidades para todos los estudiantes de la nación, y vigente desde hace 50 años.

La nueva ley se basa en áreas clave del progreso en los últimos años, que ha sido posible por los esfuerzos de los educadores, comunidades, padres y estudiantes en todo el país.

Por ejemplo, hoy en día las tasas de graduación de escuela secundaria están en su nivel histórico más alto. Las tasas de abandono escolar están en mínimos históricos. Y más estudiantes asisten a la universidad que nunca antes. Estos logros constituyen una base firme para seguir ampliando las oportunidades educativas y así mejorar los resultados estudiantiles con ESSA.

En 2010 la Administración de Obama apoyó a los educadores y a las familias que pedían reformas a la ley para mejor preparar a todos los estudiantes para el éxito en la universidad y en el trabajo. El Congreso ha escuchado esa petición, y la Ley Cada Estudiante Triunfa incluye muchas de las prioridades de esta Administración.

https://www2.ed.gov/espanol/essa/index.html

Practice Audio: Listening Sample
Visit mometrix.com/academy and enter Code: 100338

19. ¿En cuál de las siguientes se hallaría este pasaje?

a. Un libro de texto universitario
b. Un póster en las escuelas
c. Un periódico diario o semanal
d. Un blog personal

20. ¿Cuál de las siguientes carece de apoyo en el pasaje?

a. Los educadores tenían una variedad de reacciones a esta ley.
b. La administración logró incluir muchas de sus prioridades educativas en esta ley.
c. La ley mejorará los resultados educativos para estudiantes.
d. La ley se base en progreso ya visto en la educación.

21. ¿Qué es ESEA?

a. La nueva ley formulada por la administración de Obama
b. Un grupo de educadores, comunidades, padres y estudiantes
c. Legislación que recibió apoyo de solo un partido político
d. Una ley que ha garantizado oportunidades iguales para todos los niños en los EE.UU. hace 50 años

22. ¿Cuál de las siguientes palabras o frases se usan como antónimos en el pasaje?

a. *graduar, abandono*
b. *ampliando, mejorar*
c. *históricos, seguir*
d. *compromete, vigente*

23. Según el pasaje, ¿que conseguirá la ley ESSA?

a. Un cambio de malos resultados educativos a buenos resultados
b. Igualdad para todos los estudiantes donde no había igualdad
c. Una continuación de buenas tendencias en la educación estadounidenses
d. Más estudiantes matriculándose a las universidades

24. En el contexto, ¿cuál de las siguientes frases defina mejor la palabra *tasa*?

a. impuesto
b. medida
c. copa
d. valor

Refer to the following for questions 25–30:

Lugar Histórico Nacional de San Juan incluye las Fortificaciones del Castillo San Cristóbal, Castillo San Felipe del Morro y Fortín San Juan de la Cruz (conocido también como El Cañuelo), bastiones, casas de pólvora y tres cuartos del muro que rodea la ciudad. Todas estas fortificaciones de defensa rodean la parte vieja y colonial de San Juan, Puerto Rico. El fuerte El Cañuelo está ubicado en isla de Cabras, en el extremo oeste de la entrada a la bahía de San Juan. Las tropas españolas comenzaron la edificación de estas impresionantes fortificaciones a comienzos de 1539 con una torre en El Morro y La Fortaleza. Estas obras tomaron más de 250 años. La mayor parte de estos muros que vemos hoy en día se añadió más adelante, durante un período de construcción que duró de 1760 a 1780. El Lugar Histórico Nacional de San Juan fue designado Patrimonio de la Humanidad en 1983.

Hay muchos modos de disfrutar y experimentar el parque. Usted puede:

- Participar en las charlas de orientación de los guardabosques que se llevan a cabo cada hora. Estas charlas de 20 minutos resumen estas estructuras magníficas.
- Explorar los fuertes. Deambule por cada una de sus aberturas y vea las exposiciones que encontrará allí. Los folletos y los mapas disponibles le guiarán por el lugar.
- Participar en un programa de guardabosques. Los guardabosques llevan a cabo una gran variedad de charlas interpretativas en español e inglés durante todo el día sobre la historia y la cultura del parque. Le invitamos a participar en cualquier programa en cualquier momento.
- Ver el video que se proyecta cada 15 minutos. Dura unos 12 minutos y cuenta la historia de estas fortificaciones.

- Relajarse y reflexionar mientras ve la ciudad desde el tercer nivel en el Castillo San Cristóbal. La explanada del Castillo San Felipe del Morro cuenta con una gran área recreativa perfecta para ir de picnic o volar cometas.

https://www.nps.gov/saju/espanol/index.htm

Practice Audio: Listening Sample
Visit mometrix.com/academy and enter Code: 100339

25. ¿En qué consiste el Lugar Histórico Nacional de San Juan?

a. Muros, fuertes, y otras estructuras históricas
b. Islas, un museo, y campamentos
c. Oficinas de UNESCO y oficiales puertorriqueños
d. Muchos castillos construidos durante la guerra para la independencia de Puerto Rico

26. ¿A qué o a quién refiere la palabra *guardabosques*?

a. Un muro grande que rodea la ciudad
b. Una persona que tiene carga de mantener el parque y educar los visitantes
c. Una designación internacional que protege el sitio de la modernización
d. Una persona responsable para construir las fortificaciones durante la época colonial de Puerto Rico

27. ¿Cuál de las siguientes NO se sugiere como actividad durante una visita?

a. Aprender más por escuchar un discurso
b. Comer afuera
c. Andar por las estructuras viejas
d. Recordar el valor de los soldados españoles que construyeron el sitio.

28. Según el pasaje, ¿dónde se puede encontrar más información sobre el parque?

a. En folletos y mapas
b. En un sitio web
c. En YouTube
d. En la comunidad

29. ¿En el contexto, que sería la mejor definición para *cometa*?

a. astro luminoso
b. incurra
c. juguete que vuela
d. algo que pica

30. ¿Quién escucharía este pasaje para obtener información?

a. Estudiantes de escuela primaria
b. Una familia planeando una vacación a Puerto Rico
c. Estudiantes universitarias
d. Empleados del Lugar Histórico

Interpretive Reading

Refer to the following for questions 1–8:

Excerpt from *La Caja de Oro* (Emilia Pardo Bazán, 1894)

Intro: El narrador ve una caja de oro en la casa de una mujer que conoce

Siempre la había visto sobre su mesa, al alcance de su mano bonita, que a veces se entretenía en acariciar la tapa suavemente; pero no me era posible averiguar lo que encerraba aquella caja de filigrana de oro con esmaltes finísimos, porque apenas intentaba apoderarme del juguete, su dueña lo escondía precipitada y nerviosamente en los bolsillos de la bata, o en lugares todavía más recónditos, dentro del seno, haciéndola así inaccesible.

Y cuanto más la ocultaba su dueña, mayor era mi afán por enterarme de lo que la caja contenía. ¡Misterio irritante y tentador! ¿Qué guardaba el artístico chirimbolo? ¿Bombones? ¿Polvos de arroz? ¿Esencias? Si encerraba alguna de estas cosas tan inofensivas, ¿a qué venía la ocultación? ¿Encubría un retrato, una flor seca, pelo? Imposible: tales prendas, o se llevan mucho más cerca, o se custodian mucho más lejos: o descansan sobre el corazón o se archivan en un secrétaire bien cerrado, bien seguro... No eran despojos de amorosa historia los que dormían en la cajita de oro, esmaltada de azules quimeras, fantásticas rosas y volutas de verde ojiacanto...

...Mostréme perdidamente enamorado de la dueña, cuando sólo lo estaba de la cajita de oro; cortejé en apariencia a una mujer, cuando sólo cortejaba a un secreto; hice como si persiguiese la dicha... cuando sólo perseguía la satisfacción de la curiosidad. Y la suerte, que acaso me negaría la victoria si la victoria realmente me importase, me la concedió..., por lo mismo que al concedérmela me echaba encima un remordimiento...

...Un día en que algunas fingidas lágrimas acreditaron mis celos, mi persuasión de que la cajita encerraba la imagen de un rival, de alguien que aún me disputaba el alma de aquella mujer, la vi demudarse, temblar, palidecer, echarme al cuello los brazos y exclamar, por fin, con sinceridad que me avergonzó:

-¡Qué no haría yo por ti! Lo has querido.... pues sea. Ahora mismo, verás lo que hay en la caja.

Apretó un resorte; la tapa de la caja se alzó y divisé en el fondo unas cuantas bolitas tamañas como guisantes, blanquecinas, secas. Miré sin comprender, y ella, reprimiendo un gemido, dijo solemnemente:

-Esas píldoras me las vendió un curandero que realizaba curas casi milagrosas en la gente de mi aldea. Se las pagué muy caras, y me aseguró que, tomando una al sentirme enferma, tengo asegurada la vida. Sólo me advirtió que si las apartaba de mí o las enseñaba a alguien, perdían su virtud. Será superstición o lo que quieras: lo cierto es que he seguido la prescripción del curandero, y no sólo se me quitaron achaques que padecía (pues soy muy débil), sino que he gozado salud envidiable. Te empeñaste en averiguar... Lo conseguiste... Para mí vales tú más que la salud y que la vida. Ya no tengo panacea; ya mi remedio ha perdido su eficacia; sírveme de remedio tú; quiéreme mucho, y viviré.

1. ¿Qué sección en la narración explica mejor el conflicto que sufre el narrador?

a. *¡Misterio irritante y tentador! ¿Qué guardaba el artístico chirimbolo?*
b. *...la cajita encerraba la imagen de un rival*
c. *Miré sin comprender...*
d. *Para mí vales tú más que la salud y que la vida.*

2. ¿Que había en la caja de oro?

a. Un retrato
b. Una flor seca
c. Pelo
d. Unas bolitas pequeñas

3. Infiriendo del texto, ¿qué es la relación entre el narrador y la dueña de la caja de oro?

a. El narrador ama a la dueña de la caja, pero ella no tiene los mismos sentimientos.
b. La dueña de la caja ama al narrador, pero él no tiene los mismos sentimientos.
c. El narrador y la dueña de la caja se están enamorados.
d. El narrador y la dueña son parientes.

4. En el contexto, ¿cuál de las siguientes reemplazaría mejor la palabra *apenas*?

a. con pena
b. tan pronto como
c. con dificultad
d. casi nada

5. ¿Cuál porción del texto nos dice los sentimientos del narrador en cuanto a este episodio en su vida?

a. *...por lo mismo que al concedérmela me echaba encima un remordimiento.*
b. *...alguien que aún me disputaba el alma de aquella mujer...*
c. *...demudarse, temblar, palidecer...*
d. *... reprimiendo un gemido...*

6. ¿Cuál de las siguientes NO se describe la caja?

a. muy ornamentada
b. pequeña
c. llevada cerca del pecho
d. enjoyada

7. ¿Cuáles de las siguientes palabras NO se usa en el texto como sinónimo?

a. *curas*
b. *remedio*
c. *panacea*
d. *gozado*

8. ¿Cuál sería buena resumen de lo que aprendió el narrador?

a. Lo que cree se convierte a la realidad
b. Hay que esperar para lo bueno
c. Siempre hay que satisfacer la curiosidad
d. El amor no es barato

Refer to the following for questions 9–16:

Allullas, el sabor tradicional de Latacunga

(Latacunga, Cotopaxi).- Quien ha visitado la provincia de Cotopaxi, con toda seguridad habrá escuchado las alegres voces de vendedoras que invitan a comprar las famosas "allullas". En las estaciones de buses, en los mercados, en las calles, las deliciosas allullas están presentes por doquier, sobretodo en Latacunga.

Las allullas son una especie de bizcocho elaborado con harina de trigo, sal, azúcar, leche y manteca de cerdo. Si bien el sabor es muy similar en todos los casos, las recetas pueden variar de lugar a lugar.

Esta tradición que viene de mucho tiempo atrás está presente en muchas familias que han transmitido de generación en generación los secretos para la elaboración de este delicioso bocadillo.

De acuerdo a algunos estudiosos, la palabra "allulla" proviene del hebreo "hallu" vocablo que designa a los bollos de fiesta que los judíos consumían durante la celebración de la pascua. Se presume que bocadillos similares se preparaban en España, tradición que llegó al nuevo mundo durante la colonia y que en tiempos modernos ha continuado con variaciones en su receta, en países como Chile, Bolivia y Ecuador.

Generalmente las sabrosas allullas se disfrutan acompañadas del también delicioso "queso de hoja" (queso fresco de pasta blanda y forma cilíndrica, envuelto en hoja de achira). Muchos las degustan también con dulce de leche o mermelada y un rico café pasado ¡Un verdadero placer!

https://www.turismo.gob.ec/56605-2/

9. Según el pasaje, ¿dónde se puede comprar allullas?

a. En panaderías
b. En supermercados
c. De las vendedoras ambulantes
d. En restaurantes

10. Que quiere decir la palabra *doquier*?

a. quijotesco
b. dondequiera
c. diezmar
d. cotidianio

11. ¿Cuáles de los siguientes pares de palabras se usa como sinónimos en el pasaje?

a. *elaborar, variar*
b. *bizcocho, bollo*
c. *celebración, tradición*
d. *receta, sabrosa*

12. ¿Por qué se menciona algunos estudiosos en el pasaje?

a. Para celebrar los cocineros que han perfeccionado la receta para allullas?
b. Para demonstrar la importancia cultural de las allullas
c. Para describir las maneras tradicionales de comer y servir las allullas
d. Para explicar el origen del nombre allulla

13. Según lo que cita en el pasaje, ¿de dónde vienen las allullas?

a. De España
b. De Israel
c. De Chile, Bolivia, y Ecuador
d. De Latacunga

14. ¿Cómo sabemos del pasaje que no hay una receta definitiva para las allullas?

a. *...el sabor es muy similar...*
b. *...ha continuado con variaciones...*
c. *... han transmitido de generación en generación...*
d. *Muchos las degustan también...*

15. ¿Cuál de las siguientes NO se menciona como acompañamiento para las allullas?

a. azúcar
b. queso de hoja
c. dulce de leche
d. café

16. ¿Dónde se encontraría este pasaje?

a. En un libro de texto
b. En una guía turística
c. En un periódico local
d. En un libro de recetas

Refer to the following for questions 17–24:

Cómo registrarse para votar en EE. UU.

Cómo registrarse para votar

Visite Vote.gov/es para inscribirse para votar. Dependiendo de las reglas de inscripción en su estado, este sitio web puede ayudarlo a:

- Registrarse en línea. Esta opción está disponible en 39 estados y en el Distrito de Columbia
- Descargar el Formulario nacional de inscripción de votantes por correo. Puede completarlo en su computadora e imprimirlo, o imprimirlo en blanco y luego llenarlo a mano. Recuerde firmar el formulario antes de enviarlo por correo postal a la dirección que corresponde a su estado (incluida en las instrucciones del formulario).
- Encontrar información sobre los procedimientos de inscripción para votar en los diferentes estados y territorios de Estados Unidos.

Requisitos para registrarse para votar

Para votar en las elecciones federales de Estados Unidos los votantes deben cumplir con ciertos requisitos. Sin importar el estado donde viva, usted es elegible para votar si:

- Es ciudadano de Estados Unidos.
- Cumple con los requisitos de residencia de su estado.
    - Aun si es una persona sin hogar, puede cumplir con los requisitos.
- Es mayor de 18 años. Algunos estados permiten registrarse para votar y/o participar en las elecciones a las personas de 17 años, si cumplen los 18 años antes de las elecciones generales.

Cada estado tiene sus propios requisitos para registrarse y votar. Conozca los requisitos para votar en su estado y encuentre la fecha límite de registro en su estado.

______III______________________

NO pueden inscribirse para votar los extranjeros, incluyendo a los residentes permanentes legales con tarjeta verde o "Green Card".

Fechas límite para registrarse para votar

En todos los estados, excepto Dakota del Norte, usted debe estar inscrito o registrado como votante antes de votar. Algunos estados cierran el plazo de inscripción para votar hasta un mes antes del día de las elecciones. Otros, mantienen abierta la inscripción para votar hasta el mismo día de las elecciones.

Consulte las fechas límite para registrarse para votar en la Fundación de Votos de los Estados Unidos. Al ingresar al sitio, seleccione su estado en la casilla ("Select Your State to Continue") y haga clic en el botón ("CONTINUE"). Encuentre las fechas de su estado en la parte inferior. También puede consultar con la oficina de elecciones de su estado o territorio para obtener más detalles.

https://www.usa.gov/espanol/requisitos-inscripcion-votar

17. ¿Qué es el propósito primario de este pasaje?

a. discutir las reglas de votar en los Estados Unidos
b. ayudar a los lectores con el derecho de votar a ejercer este derecho
c. persuadir a los lectores que las reglas de votar en los Estados Unidos son demasiados difíciles
d. informar a los lectores sobre las diferencias en las reglas de votar entre los estados individuos

18. ¿Dónde se permite registrarse en línea para votar?

a. En todos los estados menos Dakota del Norte
b. En los territorios de los Estados Unidos
c. En la mayoría de los estados de los Estados Unidos
d. Depende si tiene hogar o no

19. En el texto, ¿cuál de las siguientes se usa como sinónimo para la palabra *registrase*?

a. *inscribirse*
b. *descargar*
c. *cumplir con*
d. *participar*

20. ¿Cuál de las siguientes siempre es un requisito para registrarse para votar?

a. Tener una dirección en el estado donde vives
b. Tener un "Green Card"
c. Tener más que 18 años
d. Ser un ciudadano de los Estados Unidos

21. ¿Por qué menciona el pasaje las fechas límites?

a. Porque es posible que los lectores no entiendan el concepto de una fecha límite
b. Porque los estados tienen reglas diferentes
c. Porque si los lectores no seben las fechas limites, no podrán votar
d. Porque infiere que las fechas limites sofocan los derechos de votar

22. ¿Cuál de las siguientes NO es mencionada como un tipo de fecha límite para registrarse para votar?

a. No hay una fecha límite - puede llegar para votar sin registrarse antes
b. La fecha límite es cuando se cumple 18 años
c. La fecha límite es el día de votar
d. La fecha límite llega antes del día de votar

23. En el contexto, ¿cuál de las siguientes reemplazaría mejor la palabra *plazo*?

a. foro
b. puesto
c. lista
d. periodo

24. ¿Cuál de las siguientes serviría mejor para el título de la sección marcado ________III ________?

a. ¿Quién no puede registrarse?
b. Más requisitos para registrarse para votar
c. ¿Qué tal si tienes un Green Card?
d. Todos pueden votar

Refer to the following for questions 25–30:

Isabel Allende, La escritora más leída en la lengua española

Una historia breve

Isabel Allende nació en 1942 en Perú. Su padre era diplomático chileno estacionado en Lima, pero en 1945, cuando Isabel tenía 3 años, su madre se separó con su padre y regresó a Chile con Isabel y sus dos hermanos. En 1953, su madre se casó con otro diplomático, y entonces Isabel pasó sus anos escolares en Bolivia y Líbano. Isabel retornó a Chile para completar sus estudios secundarios y allí conoció su futuro marido. Después de graduarse, ella pasó 5 años trabajando para las Naciones Unidos. Se casó con Miguel Frías en 1962. Vivían en Europa cuando uno de sus hijos nació y vivían en Chile cuando el otro nació. En 1967, empezó a escribir para *Paula*, una revista feminista de Chile. También tuvo una carrera televisiva y escribió cuentos y artículos para niños.

En 1973, Augusto Pinochet llevó a cabo un golpe de estado en Chile, y el padre de Isabel murió – oficialmente dijeron que se suicidió, pero muchos creen que fue asesinado. En 1975, el gobierno puso a Isabel en la lista negra y entonces ella emigró con su esposo e hijos a Venezuela y vivían allí para 13 anos. Siguió escribiendo para periódicos durante su tiempo en Venezuela, y trabajaba en escuelas también. Cuando recibió las noticias que su abuelo estaba muriendo, ella empezó una carta para él. Eventualmente esta carta fue convertida en el manuscrito de su obra famosa, *La casa de los espíritus*. Otras novelas y cuentos seguían. Se mudó a California en 1988 y desde este punto ha publicado libros y ha recibido premios hasta hoy en día.

Su obra

Allende usualmente se clasifica como parte del "Post-Boom" en literatura latinoamericana, un movimiento caracterizado por el uso de lenguaje sencillo, un enfoque histórico, y que trata del tema de exilio (puesto que muchos de los autores latinoamericanos nacidos en los 1940 experimentaron algún tipo de exilio, como Allende).

Allende cuenta con muchos superventas mundiales. Sus obras han sido traducidas a varios idiomas, y unos se han convertido a obras de teatro y cine. Aunque tiene dominio de inglés, ella prefiere escribir en español y luego trabajar con una traductora para producir las versiones inglesas de sus libros.

Entre los premios que ha ganado son Autor/Libro del año en Chile, Alemania, México, y Uruguay. Ha sido reconocido como Feminista del año y recibió el premio Hans Christian Anderson de literatura, el premio nacional de literatura en Chile, y la Medalla de la Libertad en Los Estados Unidos. También fue honrada con un doctorado. Ha tenido una carrera sobresaliente y se cree que ella es la autora más leída en la lengua española.

25. ¿De dónde es Isabel Allende?

a. Es de Chile, pero nació en Perú y también vivía en Bolivia como niña.
b. Es de Perú, pero se trasladó a Chile con su padre cuando tenía 3 años.
c. Es de España, pero se mudó a Venezuela después de casarse.
d. Es de Bolivia y ahora vive en los Estados Unidos.

26. ¿Por qué menciona que la madre de Allende se casó con otro diplomático?

a. Para describir la situación política
b. Para identificar el fondo de los problemas en su matrimonio
c. Para explicar porque Allende vivía en muchos lugares como niña
d. Para defender sus decisiones personales

27. En el contexto, ¿cuál de las siguientes podría reemplazar la palabra *golpe*?

a. choque
b. rebelión
c. adversidad
d. sorpresa

28. Según el pasaje, ¿en cuál orden pasaron estos hechos en la vida de Allende?

I. Allende se casó
II. Allende huyó de Chile
III. Allende publicó su primera novela
IV. Allende trabajaba para las Naciones Unidas
V. Allende trabajaba en el periodismo

a. IV, II, I, III, V
b. V, IV, I, II, III
c. IV, I, V, II, III
d. I, IV, II, III, V

29. ¿El autor del pasaje escribiría cuál de las siguientes oraciones?

a. Unos de sus libros más conocidos son *De amor y de sombra* y *Cuentos de Eva Luna*.
b. Si Allende no se había mudado a los Estados Unidos, no sería tan famosa.
c. Desafortunadamente, los autores masculinos del Post-Boom le hacían sombra a Allende.
d. Las tragedias en la vida de Allende le han afectado mucho pero no son reflejadas en su obra.

30. Si iba a poner la oración de pregunta 4 en el pasaje, ¿dónde sería el mejor lugar?

a. Después de: *Otras novelas y cuentos seguían.*
b. Después de: *(puesto que muchos de los autores latinoamericanos nacidos en los 1940 experimentaron algún tipo de exilio, como Allende).*
c. Antes de: *Allende usualmente se clasifica como parte del "Post-Boom" en literatura latinoamericana.*
d. Después de: *Sus obras han sido traducidas a muchos idiomas, y unos se han convertido a obras de teatro y cine.*

Cultural Knowledge

Refer to the following for question 1:

1. ¿Según sus conocimientos culturales, ¿qué representa esta imagen?

a. La perdurable predominancia del catolicismo en España
b. El estilo ornamentado preferido en la arquitectura española
c. La influencia de dos religiones principales en España
d. Los excesos de la familia real en España

2. ¿Cuáles de las siguientes dinastías reales reinó en España en los siglos XVI y XVII?

a. Hapsburg
b. Bourbon
c. Bonaparte
d. Savoy

3. ¿Cuál de los siguientes individuos se conecta principalmente con las obras de teatro producidas durante el *Siglo de Oro*?

a. Miguel de Cervantes Saavedra
b. Diego Velázquez
c. Félix Lope de Vega y Carpio
d. Bartolomé Esteban Murillo

Refer to the following for question 4:

4. ¿Cuál de las siguientes demuestra esta obra artística?

a. el suave realismo de Bartolomé Murillo
b. el *chiarioscuro* de Diego Velázquez
c. la singularidad de El Greco
d. el impresionismo de Francisco de Goya

Refer to the following for questions 5–6:

Hablara allí el rey don Juan,
bien oiréis lo que decía:
-Si tú quisieras, Granada,
contigo me casaría;
daréte en arras y dote
a Córdoba y a Sevilla.

Casada soy, rey don Juan,
casada soy, que no viuda;
el moro que a mí me tiene
muy grande bien me quería.

5. Según sus conocimientos culturales, ¿cuál estilo de poesía representa este extracto?

a. Romance; poesía medieval de España
b. Rima; un estilo poético derivado de la poesía italiana
c. Poesía folclórica, que usa estilos de canciones tradicionales como inspiración
d. Verso libre, en el cual no importan las limitaciones de rima y metro

6. ¿En cuál época de poesía español se sitúa este poema?

a. el Medieval
b. el Siglo de Oro
c. el Neoclasicismo
d. la Generación de '98

7. ¿Cuál de las siguientes describe mejor un factor instigador de la Guerra Civil de España?

a. Un intento dominante por el parte de liberales electos para secularizar el país
b. Enojo causado por los efectos de la Gran Depresión, mal encaminado a las minoridades raciales
c. Alianzas internacionales complicadas
d. Una disputa sobre cuál familia real seguiría como monarcas en España

8. ¿Cuál de las siguientes describe mejor la composición étnica de España hoy en día?

a. La mayoría de gente cuenta con muchas generaciones en España y aunque hay unas inmigrantes, los números de ellos han caídos en los años recientes.
b. La gran mayoría de gente cuenta con muchas generaciones en España, pero el número de inmigrantes han sido creciendo en los años recientes.
c. Hay gran número de inmigrantes económicos que vienen a España cada año.
d. No hay mucha diversidad étnica en España hoy en día – sigue con las prácticas aislacionistas del periodo Franquista.

9. Según sus conocimientos culturales, ¿cuál de las siguientes pronunciaciones de *zapato* oirías en España y no en Latinoamérica?

a. tha-pa-to
b. sa-pa-to
c. ta-pa-to
d. ca-pa-to

Refer to the following for question 10:

10. Según sus conocimientos culturales, ¿a cuál practica cultural refiere esta imagen?

a. el café con leche
b. un beso en la mejilla
c. la corrida de toros
d. los churros con chocolate

11. ¿Cuál de las siguientes fechas representa mejor la época de exploración española en Latinoamérica?

a. 1490-1600
b. 1600-1832
c. 1832-1900
d. 1900-1959

12. ¿Cuál de los siguientes cultivos cultivaron los Azteca?

a. Las batatas y la yuca
b. Las papas y la quinua
c. El maíz, los frijoles, y las calabazas
d. Los aztecas fueron primeramente cazadores-recolectores

13. ¿Cuáles de los siguientes países ahora ocupan el territorio donde se hallaba la civilización inca?

a. México, Guatemala
b. Guatemala, Honduras
c. Cuba, Puerto Rico, la Republica Dominicana
d. Ecuador, Perú, Bolivia, Chile

14. ¿Cuál de las siguientes representa mejor la influencia persistente de la cultura maya en Mesoamérica?

a. La práctica de la religión maya, que se ha quedado puro frente la influencia católica
b. El hecho que aproximadamente 50% de los guatemaltecos hablan un idioma maya hoy en día
c. La moneda de Guatemala, el peso, que se llama por un pájaro indígena
d. La lucha entre los grupos izquierdistas y derechistas en la guerra civil de Guatemala

15. ¿Cuál de los siguientes santos católicos NO es latinoamericano?

a. La Virgen de Guadalupe
b. San Juan Diego
c. Santa Rosa de Lima
d. Santo Domingo

Interpersonal and Presentational Writing

1. Instructions: Read the following email and write a fitting response. You will need to budget your time so that you can plan, write, and revise your response in the time allotted. Your response should be at least 60 words in length and must be in Spanish.

Imagine que usted es profesor(a) de español en un colegio. Ha recibido este correo electrónico de uno de sus estudiantes. Escriba su respuesta, proveyendo la información que pide.

Asunto: Un club de español
De: Valeria Mendoza

CC: Daniel Chou
Fecha: 27 de agosto, 2021

Hola, Sr(a),

¡Me gusta mucho su clase de Español 3! Daniel y yo estábamos hablando ayer durante el almuerzo acerca del hecho de que no hay club de español aquí en North High School. Creemos que sería muy divertido tener un club para los estudiantes que disfrutan las clases de español y quieren aprender más de la lengua y la cultura. Hablamos con la directora y nos dijo que cada club debe tener un patrocinador de la facultad. Nos gustaría preguntarle a usted si considerarías ser el patrocinador de un nuevo club de español. Daniel y yo haremos todo el trabajo, nada más necesitamos un lugar donde reunirnos y un adulto para estar presente durante las reuniones. Díganos si tiene más preguntas antes de comprometerse. ¡También si tiene ideas específicas de lo que podríamos hacer!

Gracias por considerarlo,

Valeria Mendoza (4ª clase)

2. Instructions: Read the topic question provided. Choose a point of view and write your response. Make sure that your essay provides supporting details/examples for your position. You will need to budget your time so that you can plan, write, and revise your response in the time allotted. Your response should be at least 120 words in length and must be in Spanish.

En las ciencias sociales, hay gran debate sobre el papel que juegan la genética y el ambiente en la formación de un individuo, físicamente, intelectualmente, emocionalmente, y moralmente. Como se expresa popularmente, ¿uno se nace o se hace? ¿Cuál posición tomaría usted?

Defienda su posición con ejemplos específicos.

3. Instructions: Read the article provided. After reading the passage, you will answer a prompt based on the passage. Make sure that your essay provides supporting details/examples for your position found in the article. You will need to budget your time so that you can plan, write, and revise your response in the time allotted. Your response should be at least 120 words in length and must be in Spanish.

Reading selection:

Un asunto que enfrenta los jóvenes hoy en día es desarrollar una imagen corporal saludable. El Departamento de Salud y Servicios Humanos de EE. UU dice **"Una imagen corporal saludable significa que te sientes cómoda con tu cuerpo y te sientes bien sobre la manera en que luces.** Esto incluye lo que piensas y sientes sobre tu apariencia y cómo juzgas tu autoestima." Hay muchos factores que contribuyen al reto de formar y mantener una imagen corporal saludable. Durante los años adolescentes, el cuerpo cambia mucho. Además, la presión social que sienten los jóvenes, especialmente las niñas adolescentes, a mantener una cierta apariencia física, es grande. También, la existencia de las redes sociales y las cámaras ubicuas hacen aún más difícil una etapa de desarrollo ya muy desafiante.

Para complicar el asunto, también hay el problema de obesidad. En los Estados Unidos, el porcentaje de jóvenes con obesidad va aumentando. La obesidad se defina como tener un IMC de 30 o más. La obesidad se conecta con una variedad ancha de problemas de salud, incluso problemas respiratorios, muchos tipos de cáncer, la diabetes, la hipertensión, la enfermedad cardíaca, y el accidente cerebrovascular. Hemos visto en los últimos años la cuesta de la obesidad en cuento al COVID-19.

Es muy difícil saber cómo ayudar a los jóvenes en nuestras vidas que sufren la obesidad y también tienen problemas con la imagen corporal saludable. Queremos afirmar a todos y asegurarlos que su valor, su belleza o fuerza, no se base en su apariencia. A la misma vez, es importante que no minimicemos el riesgo que genera la obesidad. Según el Departamento de Salud y Servicios Humanos de EE.UU, puede ayudar a sus hijos a desarrollar imágenes corporales saludables por:

- Asegurarte de que sus hijos comprendan que el aumento de peso y el crecimiento son partes normales del desarrollo, en especial en la pubertad
- No hacer comentarios negativos sobre los alimentos, el peso y la forma o tamaño corporal de sus hijos, suyos o de otra persona
- Permitir que sus hijos tomen decisiones sobre la comida y, a la vez, asegurarse de que tengan muchas opciones saludables y nutritivas para comer
- Elogiar más a sus hijos por sus esfuerzos, talentos, logros y valores personales, en lugar de por su apariencia
- Limitar el tiempo que pasan frente a la pantalla. Además de volverse menos activos, los niños que miran programas de TV o películas o que juegan en línea suelen ver cuerpos femeninos poco realistas. Hable con sus hijos sobre las imágenes que ven en los medios

(https://espanol.womenshealth.gov/mental-health/body-image-and-mental-health/body-image)

No es fácil navegar la pubertad, ni la presión a conformar ni la dificultad de mantener un peso sano. Pero es necesario que andemos al lado de los jóvenes en nuestras vidas, proveyéndoles el amor sin condiciones y lo que necesitan para tomar decisiones saludables para sus mentes y sus cuerpos.

Writing task: Basándose en el artículo arriba, escriba un ensayo en que se resuma las causas de una imagen corporal poco saludable en las jóvenes y los efectos de la obesidad para los jóvenes. En sus propias palabras, dé por lo menos tres detalles para cada asunto.

Presentational and Interpersonal Speaking

1. Instructions: You will be asked to complete a speaking task based on the article used in the writing section. Read the speaking task, then take 1 minute to look over the article again. You will then have 2 minutes to prepare your response and 2 minutes to record your response.

Speaking task: Imagina que usted es médico. Está hablando a un grupo de profesores y consejeros acerca de cómo apoyar a los jóvenes a desarrollar una imagen corporal sana. Explique a ellos lo que pueden hacer para que los jóvenes eviten la obesidad y también que formen una imagen corporal sana, basándose en el artículo debajo.

Un asunto que enfrenta los jóvenes hoy en día es desarrollar una imagen corporal saludable. El Departamento de Salud y Servicios Humanos de EE. UU dice **"Una imagen corporal saludable**

significa que te sientes cómoda con tu cuerpo y te sientes bien sobre la manera en que luces. Esto incluye lo que piensas y sientes sobre tu apariencia y cómo juzgas tu autoestima." Hay muchos factores que contribuyen al reto de formar y mantener una imagen corporal saludable. Durante los años adolescentes, el cuerpo cambia mucho. Además, la presión social que sienten los jóvenes, especialmente las niñas adolescentes, a mantener una cierta apariencia física, es grande. También, la existencia de las redes sociales y las cámaras ubicuas hacen aún más difícil una etapa de desarrollo ya muy desafiante.

Para complicar el asunto, también hay el problema de obesidad. En los Estados Unidos, el porcentaje de jóvenes con obesidad va aumentando. La obesidad se defina como tener un IMC de 30 o más. La obesidad se conecta con una variedad ancha de problemas de salud, incluso problemas respiratorios, muchos tipos de cáncer, la diabetes, la hipertensión, la enfermedad cardíaca, y el accidente cerebrovascular. Hemos visto en los últimos años la cuesta de la obesidad en cuento al COVID-19.

Es muy difícil saber cómo ayudar a los jóvenes en nuestras vidas que sufren la obesidad y también tienen problemas con la imagen corporal saludable. Queremos afirmar a todos y asegurarlos que su valor, su belleza o fuerza, no se base en su apariencia. A la misma vez, es importante que no minimicemos el riesgo que genera la obesidad. Según el Departamento de Salud y Servicios Humanos de EE.UU, puede ayudar a sus hijos a desarrollar imágenes corporales saludables por:

- Asegurarte de que sus hijos comprendan que el aumento de peso y el crecimiento son partes normales del desarrollo, en especial en la pubertad
- No hacer comentarios negativos sobre los alimentos, el peso y la forma o tamaño corporal de sus hijos, suyos o de otra persona
- Permitir que sus hijos tomen decisiones sobre la comida y, a la vez, asegurarse de que tengan muchas opciones saludables y nutritivas para comer
- Elogiar más a sus hijos por sus esfuerzos, talentos, logros y valores personales, en lugar de por su apariencia
- Limitar el tiempo que pasan frente a la pantalla. Además de volverse menos activos, los niños que miran programas de TV o películas o que juegan en línea suelen ver cuerpos femeninos poco realistas. Hable con sus hijos sobre las imágenes que ven en los medios

(https://espanol.womenshealth.gov/mental-health/body-image-and-mental-health/body-image)

No es fácil navegar la pubertad, ni la presión a conformar ni la dificultad de mantener un peso sano. Pero es necesario que andemos al lado de los jóvenes en nuestras vidas, proveyéndoles el amor sin condiciones y lo que necesitan para tomar decisiones saludables para sus mentes y sus cuerpos.

2. Instructions: You will be asked to give your opinion on a topic. You will be given 15 seconds to review the prompt, then 2 minutes to prepare your response. You will then have 2 minutes to record your response.

Speaking task: Legislación nacional requiere que las escuelas públicas den evaluaciones académicas a todos los estudiantes en grados 3-8. Explique y defiende su opinión acerca de las evaluaciones académicas universales en las escuelas públicas.

3. Instructions: You will take part in a conversation using the following template. Once the conversation begins, you will hear the interlocutor speak following the left side of the template. When they finish, you will hear a tone and then you will have 25 seconds to respond appropriately. Use the right side of the template as your guide.

Estudiante: Le saluda y le hace una pregunta.	Usted: Salude y responda a la pregunta.
Estudiante: Responde y hace otra pregunta	Usted: Responda a la pregunta.
Estudiante: Le hace una pregunta.	Usted: Responda a la pregunta.
Estudiante: Responde y hace otra pregunta	Usted: Responda a la pregunta
Estudiante: Continúa la conversación	Usted: Responda y despídase

Estudiante: Buenos días, profesor(a). Soy su nuevo estudiante. ¿Cuál materia ensena Ud. y a qué hora empieza la clase?

(You have 25 seconds to record your response)

Estudiante: Bueno, gracias. En mi otra escuela no tomaba esta materia. ¿Qué puedo hacer para alcanzar lo que la clase ya ha hecho?

(You have 25 seconds to record your response)

Estudiante: Mmmm – entiendo. ¿Y que necesito hacer para sacar buenas notas en su clase?

(You have 25 seconds to record your response)

Estudiante: Ah, sí. Voy a hacer todo que sugiere Ud. ¿Me puede ayudar con otra cosa? No sé dónde está el baño.

(You have 25 seconds to record your response)

Estudiante: Gracias. ¿A qué hora comemos el almuerzo? ¿Y dónde?

(You have 25 seconds to respond and begin class)

Answer Key and Explanations for Test #2

Interpretive Listening

1. B: One speaker is selling train tickets and the other is looking to travel by train. The individual purchasing tickets indicates that she does not usually tell time as is typical in Spain, using 24 hours instead of 12.

2. D: The traveler states that she is on vacation and doesn't want to get up early.

3. B: The worker clarifies that the traveler wants to purchase two tickets today rather than purchase one today and one tomorrow.

4. A: The confusion arose when the traveler asked for a ticket at six, and the worker had to clarify if it was 6:00 a.m. or 20:00 (in the evening)

5. C: In this context, *sirve* describes the ticket that works best for the traveler.

6. B: These are the two cities that the speakers discuss.

7. D: The speaker is seeking to educate the listeners about childhood depression.

8. A: The speaker begins the first paragraph with some behaviors that might make a parent think that their child is depressed.

9. B: The speaker says that 11 percent of children experience a depressive disorder by age 18.

10. C: The speaker discusses that as children develop, the way depression presents may be different. She also points out that doctors have more data on an adult's usual behavior and feelings, and that they are reluctant to label disorders in children that they will carry for their lives.

11. B: The passage states "primero buscamos alguna otra razón que explique esos síntomas"

12. A: *arribar* here means "to arrive" in a figurative sense

13. B: The questions are arranged to prove to the listener that they do, in fact, know of the person who is the topic of the text.

14. A: The passage states that Juanes has received the same honor as these singers.

15. C: The text states *Sus letras tratan a la vez asuntos muy pesados como la pena y el peligro y el tema más bello del amor romántico.*

16. A: The passage says that he was playing piano at age 2 and published his first album at 17.

17. D: The word is used to say "release an album". *Lanzar*, which literally means "to throw", is used figuratively for this expression in Spanish just as "release" is used figuratively in the English phrase

18. D: The speaker uses the informal 2nd person throughout, and while they give information, the tone is more informal than an educational talk.

19. C: A short description of a new law would most likely be found in a newspaper.

20. A: The passage only states that the administration listened to educators in formulating the law.

21. D: ESSA is the new law; the passage states *la Ley de Educación Primaria y Secundaria (ESEA), la legislación de educación nacional que se compromete a la igualdad de oportunidades para todos los estudiantes de la nación, y vigente desde hace 50 años.*

22. A: Graduation and drop-out rates are contrasted as opposite outcomes. *Comprometer* is used in this context to mean "pledge or promise" rather than "compromise"

23. C: The third paragraph states that educational outcomes were already improving, making choices A and B incorrect. It also states that a major goal is students being better prepared for post-secondary education, not just more students taking part in it as choice D suggests.

24. B: The word is used to describe the rate of students who drop out of school.

25. A: While the text does mention castles (D), this is not the time period in which the passage says they were built.

26. B: The English phrase used to translate *guardabosques* would be park ranger or forest ranger. In the passage they are described as giving talks and leading programs at the historic site

27. D: Listening to a talk from a park ranger, having a picnic, and exploring the structures are all listed as suggestions for your visit.

28. A: The passage describes brochures and maps available to help you explore the park.

29. C: The context describes eating and playing in a recreational area.

30. B: The message consists of information that would help someone planning a trip to San Juan

Interpretive Reading

1. A: The story is driven by the fact that the narrator wants to know what is inside the golden box

2. D: The text states: *la tapa de la caja se alzó y divisé en el fondo unas cuantas bolitas tamañas como guisantes, blanquecinas, secas.* A, B, and C are all listed as possible contents in the second paragraph when the narrator is guessing.

3. B: The narrator states: *Mostréme perdidamente enamorado de la dueña, cuando sólo lo estaba de la cajita de oro;* the owner of the box states: *Para mí vales tú más que la salud y que la vida.*

4. B: *Apenas* is used to describe how quickly the owner of the box moved it when the narrator tried to look inside it.

5. A: This is the narrator's commentary on what happened when his curiosity was satisfied. B is not his true state of mind, and C and D refer to the box's owner.

6. C: The text contrasts the box with something worn close to the heart.

7. D: The other three words are all used to describe the pills

8. D: The narrator pretended to be in love in order to find out what was inside the box; believing that this had no consequences. He discovered that love is costly – the woman was willing to give up her health to love him. A is false – he did not actually fall in love with the woman. Answer B does not match with the detail that what the man waited for was not, in fact, good. Answer C is what the narrator learned is NOT true.

9. C: The first paragraph mentions *...las alegres voces de vendedoras que invitan a comprar las famosas "allullas". En las estaciones de buses, en los mercados, en las calles...*

10. B: The phrase could be translated "they are present everywhere" or "you can find them everywhere".

11. B: Both of these words are used to describe what allullas are.

12. D: The scholars were cited in explaining the etymology of the word *allulla*

13. A: The passage states: *Se presume que bocadillos similares se preparaban en España, tradición que llegó al nuevo mundo durante la colonia*

14. B: Stating that there are variations implies that there is not one specific recipe.

15. A: This is mentioned as an ingredient rather than an accompaniment.

16. C: The tone is informal but also assumes that the reader is familiar with the locations and foods mentioned.

17. B: The text primarily gives readers information to help them register to vote if they are qualified to do so.

18. C: The text states: *Esta opción está disponible en 39 estados y en el Distrito de Columbia*

19. A: The two words are used interchangeably throughout the passage.

20. D: This is the only requirement that is stated unequivocally in the passage.

21. C: A and D are not supported by the text. B is stated as true in the text, but is not the main reason that the idea of a deadline is mentioned. Throughout the text, some of the rules and procedures mentioned apply to all states and some to only some of the states.

22. B: This is mentioned as an eligibility requirement, not as a deadline for registration.

23. D: *Plazo* is used to refer to the period of time when voter registration is open.

24. A: This best includes all the information contained in the section beneath the heading. B is too similar to the heading of the previous section. C summarizes some but not all of the information in the section below, and D does not agree with the information in the section.

25. A: This is the most accurate description of Allende's heritage. B is incorrect because the passage states it was her mother with whom she returned to Chile. C is incorrect because the passage states she moved to Europe after marrying. D is incorrect because the passage states that she went to school in Bolivia.

26. C: The passage follows the statement about her second marriage with the statement: *y entonces Isabel pasó sus anos escolares en Bolivia y Líbano*

27. B: *golpe*, used in the phrase *golpe de estado*, refers to taking governmental power illegally.

28. C: These facts can be traced in the first and second paragraphs of the text.

29. A: The information in (B) is not provided anywhere in the passage. (C) is not supported by the evidence in the passage; on the contrary, it praises Allende's work and fame. (D) is directly contradicted by the passage, which mentions Allende's experiences as directly influencing her writing.

30. A: The best place to name some of her best-known works would be where the text is describing her body of work. While the paragraph that includes (D) would be a suitable location, the sentence does not belong after the sentence provided by (D).

Cultural Knowledge

1. C: This is an image of a Catholic cathedral built in the middle of the Great Mosque of Cordoba.

2. A: The Hapsburg dynasty began shortly after the deaths of Ferdinand and Isabella in the early 1500s and lasted until the War of the Spanish Succession in 1701.

3. C: Velázquez (B) and Murillo (D) are painters from the Siglo de Oro. Cervantes (A) is famous for his novel *Don Quixote*. Lope de Vega did much to shape the art form of Spanish theater, and is well known for his works such as *Fuenteovejuna* and *El mejor alcalde el rey.*

4. A: This is Murillo's *Asunción de la Virgen*. His style can be seen in Mary's child-like, soft, round face. Murillo was known for his portraiture.

5. A: This poem is a typical example of a *romance*, with its lyricism and assonant rhyme in even lines.

6. A: This is an excerpt from the *Romance de Abenámar*, author unknown, based in historical events of the 15th century. It is a prime example of the medieval *romance.*

7. A: The ruling government in Spain in the early 1930s attempted modernization and secularization and cancelled elections when they found themselves the object of disfavor.

8. B: Although up to 80% of the population identifies as Spanish, a growing number of migrants from Morocco, Latin America, and the EU live in Spain.

9. A: In parts of Spain, **z**, **s**, and **c** (when followed by e, i, or y) are pronounced as the phoneme **th**. This pronunciation, known as *ceceo*, is uncommon in Latin America.

10. D: In Spain, *churros*, fried lengths of dough, are often served with *chocolate*, similar to chocolate pudding

11. A: This era is generally thought to have begun with Columbus in 1492. By the late 1500s, the Spanish had colonies throughout Latin America.

12. C: The Aztecs grew corn, beans, and squash together in order to keep the soil healthy.

13. D: The Incan civilization was located on the Pacific coast of South America.

14. B: Between 40-60% of Guatemalans still speak a Mayan language. Mayan religion and Catholicism have experienced syncretism (A). The currency of Guatemala is the quetzl (C), and while the Guatemalan Civil War did divide leftist and rightist groups (D), this was not directly due to the influence of Mayan culture.

15. D: While Dominican monks did travel to Latin America, St. Dominic, their founder, was a medieval Castilian priest.

Interpersonal and Presentational Writing

1. ***Sample response:***

Asunto: Re: Un club de español
De: Julia Scott
Fecha: 28 de agosto 2021

Buenas tardes, Valeria y Daniel,

Gracias por ponerse en contacto conmigo para discutir el empiezo de un club de español. Me alegro de que les interese participar en el campus en esta manera y aprender a disfrutar más a la lengua española y a las culturas donde se la habla.

No sé si tendré suficiente tiempo para ser la patrocinadora de este club, pero me gustaría oír sus ideas. ¿Con que frecuencia quieren reunirse? ¿Qué tipo de actividades tienen en mente para estas sesiones? Y ¿les gustaría planear actividades fuera del edificio, como excursiones?

Tengo también unos consejos para que consideren. Sería buena idea decidir quién podría unirse al club. ¿Quieren que todos puedan asistir? ¿O solo los estudiantes que han tomado algún nivel especifico de español? También, si quieren algo que cuesta dinero como comida, camisetas, etc., piensen en de dónde vendrá el dinero.

Yo hablaré con mi familia y con la directora Magee y ¿tal vez podríamos reunirnos ustedes y yo para hablar de sus ideas? Cuando tengo más información, podré tomar una decisión.

Yo estaré en mi salón de clase antes de la escuela el miércoles y el viernes, y después de la escuela el jueves si quieren charlar.

Sinceramente,

Julia Scott

Criteria:

Fully addresses and completes the task – the requested information is provided in the appropriate format
Directly relates to the topic; topic well developed. All or almost all supporting details or examples are appropriate and effective – the letter contains the appropriate level of detail to answer the prompt letter thoroughly.
Response is well organized and generally coherent • Demonstrates a mid-high or high degree of control of a variety of structures; a few grammatical errors occur with no evident patterns • Varied vocabulary appropriate for the content and used with precision • Very few errors in conventions of the written language (orthography: spelling, accent marks, and punctuation; sentence structure) • Register is appropriate (accurate social and/or cultural references included)

2. *Sample response:*

Hay que dar cuenta que, en algunos respectos, no tenemos el poder determinar quiénes somos. Yo creo que sea más fácil reconocer a este hecho cuando hablamos de nuestra constitución física. Claro que tenemos el poder, aun la responsabilidad cuidar a nuestros cuerpos, mantener un estilo de vida saludable. Pero, no importa el estilo de vida, si uno tiene ojos azules, serán azules. Su altura, el color de su piel y pelo, no son características que uno tiene el poder cambiar, a fin de cuentas. Sabemos que la nutrición, especialmente lo que uno experimenta como niño, tendrá algún efecto en las características físicas como altura, pero no es posible comer tantas verduras que crezca un metro de altura. Entonces en este ejemplo, tengo que decir que creo que nuestra genética tiene más influencia que nuestro ambiente.

Es más difícil separar esos dos factores cuando hablamos de nuestras habilidades intelectuales y nuestros hábitos emocionales y morales. Reconocemos que nacimos con una personalidad distinta, con talentos únicos, pero nosotros mismos y la gente y experiencias alrededor de nosotros tenemos el poder moldear esta personalidad y formar como lo usamos para interactuar con nuestro mundo y la gente en él. No creo que uno se nace, por ejemplo, con bondad como se nace con ojos marrones. Hay que experimentar la bondad de otra gente y aprender como expresarla en una familia o con las colegas. En estas áreas no físicas, me parece que el ambiente tiene más influencia que nuestra genética.

Criteria:

Fully addresses and completes the task – the response clearly gives the writer's point of view as well as providing examples that support his/her point of view.
Directly relates to the topic; topic well developed. All or almost all supporting details or examples are appropriate and effective – the response does not stop with general statements but provides examples from personal experience and study.
Response is well organized and generally coherent • Demonstrates a mid-high or high degree of control of a variety of structures; a few grammatical errors occur with no evident patterns • Varied vocabulary appropriate for the content and used with precision • Very few errors in conventions of the written language (orthography: spelling, accent marks, and punctuation; sentence structure) • Register is appropriate (accurate social and/or cultural references included)

3. *Sample response:*

Hay muchos factores que pueden afectar la imagen corporal de un joven. Pasar por la adolescencia nunca ha sido fácil, con todos los cambios físicos que ocurren, y estos cambios que vienen durante la pubertad pueden dañar a la autoimagen de un joven. Los años adolescentes también son una época cuando las opiniones de los pares y el deseo de ser "normal" llevan consigo mucha fuerza. Los jóvenes hoy en día tienen que tratar con el hecho de que ellos mismos u otra persona tiene el poder grabar toda su vida y compartirla públicamente por medio de los teléfonos celulares y las redes sociales. Con estas presiones, es muy difícil llegar a un lugar donde uno se siente completamente cómoda en cuento a su cuerpo.

En cuento a la obesidad, otro asunto que enfrenta los jóvenes hoy en día, hay que dar cuenta de que la imagen corporal no es la única cosa que puede sufrir daño cuando un joven sufre de la obesidad. Además de problemas con desarrollar una imagen corporal saludable, la obesidad lleva grandes riesgos para la salud, como un riesgo elevado de la hipertensión y la diabetes. Durante la pandemia también hemos visto que la obesidad afecta el poder del cuerpo combatir enfermedades como el Covid-19. Entonces hay riesgos físicos tanto como psicológicos para los jóvenes que padecen la obesidad.

Criteria:

Fully addresses and completes the task – the response identifies at least three details from the article for each topic indicated.
Directly relates to the topic; topic well developed. All or almost all supporting details or examples are appropriate and effective. Clearly demonstrates a high degree of understanding of the content in the text – the response does not merely identify the necessary content or copy from the source text but fully integrates and reorganizes the ideas from the source text.
Response is well organized and generally coherent • Demonstrates a mid-high or high degree of control of a variety of structures; a few grammatical errors occur with no evident patterns • Varied vocabulary appropriate for the content and used with precision • Very few errors in conventions of the written language (orthography: spelling, accent marks, and punctuation; sentence structure) • Register is appropriate (accurate social and/or cultural references included)

Presentational and Interpersonal Speaking

1. ***Sample response:***

¡Buenas tardes! Me alegro estar aquí con ustedes hoy para charlar acerca de lo que podemos hacer para apoyar el desarrollo de los jóvenes en su escuela. Yo sé que los estudiantes en esta escuela les importan a ustedes, y quiero equiparlos a ustedes para su trabajo muy importante.

Cuando hablamos de la obesidad y la imagen corporal, tenemos dos problemas que queremos evitar. No queremos que los jóvenes vengan a odiar a sus cuerpos o que piensen que se disminuya en valor porque sufren de la obesidad. A la misma vez, no deseamos verlos padecer los efectos serios de la obesidad.

Entonces, tengo unas sugerencias que pueden emplear. Primero, creen una cultura donde siempre se habla positivamente de la comida y los cuerpos. Nuestros ejemplos hablan en voz alta. Si los adultos en sus vidas siempre dicen que esta comida es mala, que soy gorda, que el señor Jones ha subido de peso, ellos van a copiar nuestros pensamientos y acciones.

Segundo, cuando elogian a los estudiantes, tomen cuidado que los elogian para sus esfuerzos, logros, y su carácter, no su apariencia. Ellos tienen que oír que hay muchas cosas más importantes que la apariencia física.

Finalmente, cuando alguien expresa incomodidad con su cuerpo, escúchenlos y asegúrenlos que durante la adolescencia, los cuerpos cambian mucho, y es muy normal experimentar asusto e incomodidad en relación a los cambios. Anímenlos hacer ejercicio, comer la comida saludable, y participar en actividades donde se sienten cómodas.

¡Gracias por considerar estas maneras de apoyar a nuestros jóvenes!

Criteria:

Fully addresses and completes the task – the speaker plays the role requested by the prompt as well as including the requested information
Directly relates to the topic; topic well developed. All or almost all supporting details or examples are appropriate and effective. Clearly demonstrates a high degree of understanding of the content in the text – the speaker supports his/her point of view with relevant details from the text
Demonstrates a mid-high or high degree of control of a variety of structures; a few grammatical errors occur with no evident patterns Varied vocabulary appropriate for the content and used with precision Well-organized, generally coherent response Register is appropriate (accurate social and/or cultural references included) Would demonstrate a high level of fluency Would demonstrate very good pronunciation

2. ***Sample answer:***

Yo creo que es importante que sepamos lo que está aprendiendo cada estudiante en nuestras escuelas. Antes de la época de NCLB y ESSA, era posible que un estudiante no llegara a aprender lo que necesitaba aprender porque no había una manera de averiguar que la escuela completara con sus responsabilidades hacia los estudiantes. Si una escuela quería, pudiera bajar los estándares de cada año escolar en vez de apoyar a los estudiantes que no los lograra hasta que llegara al nivel de conocimiento apropiado.

Lo que provee los estándares y las evaluaciones que vienen fuera de la escuela es una normalización de lo que pedimos de cada estudiante. En vez de decir "Oh, este estudiante no puede aprender esto", la escuela entiende que hay expectativa que todos los estudiantes aprendan. Las evaluaciones académicas universales proveen información a la escuela y a los maestros acerca de lo que ha aprendido cada estudiante. Y a la misma vez proveen que las escuelas rindan cuentos.

Lo difícil es decidir cómo usar la información que viene. ¿Soportamos que unos estudiantes siempre se encuentren bajo del nivel apropiado? ¿Qué hacer con los estudiantes con necesidades especiales o los estudiantes que acaban de mudarse y no hablan inglés? Cuando un estudiante recibe una marca baja, ¿es problema suyo? ¿Del maestro individuo? ¿De la escuela? Aquí creo que hay mucho que podemos hacer que no ayude ni a los estudiantes, ni a los maestros, ni a las escuelas.

En conclusión, entiendo el propósito de evaluaciones y creo que son importantes, pero no creo que sea tan claro las acciones que debemos tomar después de ver los resultados de dichas evaluaciones.

Criteria:

Fully addresses and completes the task – the speaker gives his/her opinion and supports it with details
Directly relates to the topic; topic well developed. All or almost all supporting details or examples are appropriate and effective– the speaker supports his/her point of view with multiple details

• Demonstrates a mid-high or high degree of control of a variety of structures; a few grammatical errors occur with no evident patterns • Varied vocabulary appropriate for the content and used with precision • Well-organized, generally coherent response • Register is appropriate (accurate social and/or cultural references included) • Would demonstrate a high level of fluency • Would demonstrate very good pronunciation

3. Sample response:

Estudiante: Buenos días, profesor(a). Soy su nuevo estudiante. ¿Cuál materia ensena Ud. y a qué hora empieza la clase?

¡Bienvenidos! Me llamo Sra. Miranda. Enseño las clases de Español 1, 2, 4, y la de filosofía. Esta clase es Español 1 y empieza a las nueve y cinco.

Estudiante: Bueno, gracias. En mi otra escuela no tomaba esta materia. ¿Qué puedo hacer para alcanzar lo que los estudiantes en esta clase ya han hecho?

O. Si puedes venir a la tutoría mañana antes o después de la escuela, yo te voy a preparar para ti un paquete con apuntes y vocabulario. Durante la tutoría yo puedo mostrarte los conceptos muy importantes que necesitas entender, y entonces tu puedes trabajar en casa para aprender el vocabulario.

Estudiante: Mmmm – entiendo. ¿Y que necesito hacer para sacar buenas notas en su clase?

En la clase de Español 1, hay que poner atención y participar desde el principio de clase hasta el fin cada día. Si haces estas cosas, vas a sacar buenas notas.

Estudiante: Ah, sí. Voy a hacer todo que sugiere Ud. ¿Me puede ayudar con otra cosa? No sé dónde está el baño.

O, claro. Desde aquí, anda en el pasillo, dobla a la izquierda en el pasillo grande. Entonces dobla a la izquierda otra vez en el segundo pasillo, y el baño estará a la derecha.

Estudiante: Gracias. ¿A qué hora comemos el almuerzo? ¿Y dónde?

Todos los estudiantes comen en la cafetería, que se halla enfrente de la oficina donde entraste. Para la hora, depende en cuál clase tienes para el cuarto periodo. Cuando llegas a la clase cuarta, pregunta al profesor y te puede decir si comes antes o después de la clase. Ven, la clase empieza ahora.

Criteria:

Responds fully to all or almost all of the parts/prompts of the conversation
Responses relate directly to the topic and include a well-developed treatment of all or almost all the elements in the thread of the conversation – each response clearly answers the question that is asked
• Demonstrates a mid-high or high degree of control of a variety of structures; a few grammatical errors occur with no evident patterns • Varied vocabulary appropriate for the content and used with precision

- Well-organized, generally coherent response
- Register is appropriate (accurate social and/or cultural references included)
- Would demonstrate a high level of fluency
- Would demonstrate very good pronunciation